济宁，甏是味儿

因为一本书，爱上一座城……

《济宁，甏是味儿》编委会

山东友谊出版社

《山东城市特色文化丛书》编委会

主　　任　李昌文　魏长民
委　　员　姜利平　李善伟　丁绍敏　袁　罡　宋德印　刘　斌　盛　利　李红梅
主　　办　山东省人民政府新闻办公室
承　　办　中国山东网

《济宁，甏是味儿》编辑委员会

主　　任　孙爱民
副 主 任　李法丽
委　　员　边德峰　黄广灿
协　　办　中共济宁市委对外宣传办公室

主　　编　李红梅
副 主 编　徐　茸
主创团队　张敏敏　马文文　徐从芬　刘自锐　毕　冉　任利伟　郝亚松　林丽霞　胡高彤
装帧设计　李娜娜　刘　洋　刘　明　徐璟琳　梁　臣　霍金燕
插　　画　梁　臣　霍金燕
摄　　影　部分图片由中共济宁市委对外宣传办公室提供

jǐ níng bèng shì wèir

济宁，甏是味儿

在济宁话中，

“甏”有很、极、特别的意思，

“甏是味儿”即“很有味道、非常好”之意。

序言

触摸济宁这座城市的文脉

因为一本书，爱上一座城。

中国文化看齐鲁，齐鲁文化看济宁。

济宁，位于山东省西南隅，作为儒家文化的发源地，这里不仅是“孔孟之乡”“运河之都”“礼仪之邦”，这里更有“始祖文化”“水浒文化”“佛教文化”和“红色文化”，优势无可比拟。

从古至今，济宁出现了许多名人志士，伟大的思想家、教育家孔子就是从这里诞生的，他的思想润泽着每一位齐鲁子民，还有孟子、颜子、

曾子、子思子……玉带一样的大运河蜿蜒流过，记载着济宁的变迁；太白湖犹如一颗钻石镶嵌在古老的运河上……古韵悠悠的济宁，让每一个中国人都为之无比骄傲。

在这片肥沃的土地上，自三皇五帝时期就曾经留下太昊、伏羲、炎帝、黄帝、少昊、蚩尤、虞舜等先贤的足迹。在这里，各部族相互融合，为鲁文化的诞生奠定了基础。鲁文化悠久绵长，衍生出博大恢弘的儒学，在鲁地孕育出孔孟颜曾子思等儒学大师。

其中影响力最大的当属孔子，出生于济宁的孔子生活在前 551 年～前 479 年的春秋时期，是中国古代，也是人类史上最伟大的思想家、政治家、教育家、军事家、史学家和文学家之一。有汉以来，历代帝王仕儒向他敬奉了无数桂冠，如“大成至圣”“至圣先师”“万世师表”“天下文官祖，历代帝王师”等。

堪当此誉的，中国历史上仅此一人。有人说，孔子是唯一能让炎黄子孙天下归心的集结号，是中华儿女血气相通的文化脐带，是中华民族的“床前明月”。不仅如此，截至 2018 年 12 月，全球 154 个国家（地区）建立了 548 所孔子学院和 1193 个孔子课堂。2560 年的岁月，足以让任何一个个体灰飞烟灭了，孔子却因了他的思想，仍然在地球的各个角落开枝散叶。孔子的思想和智慧对全世界都有所启发。

城市精神是一个城市在长期历史发展过程中形成的气质、风骨和灵魂。毋庸置疑，是济宁的这片沃土滋养了这位圣人以及其他思想家们的成长发展。

历经沧桑变迁的济宁有着极为厚重的文化底蕴和文化积淀。大运河在济宁的繁盛，为济宁凝聚了运河较多闪光的文化因素。大运河吸纳了古今中外文化精华，融会了南北各地的风情民俗、文化礼仪等，形成了独特的运河文化。

古老的运河，在政府的大力治理下，恢复了美丽的风貌，清清的河水在阳光的照射下，是那么碧绿，那么透明！一阵风吹来，波光粼粼，好似撒满了一地的金子。当夕阳吻着河岸的时候，微微的波纹闪烁着点点亮光，仿佛一块翡翠镶嵌了金边，一闪一闪，好美！

人有人名，地有地名。地名是当地人的脸，外地人的眼。济宁城区的地名是各个历史时期形成的，呈现出当地千姿百态、绚丽多姿的文化色彩。如文昌阁街、财神阁街，以济宁的寺观庙堂得名；皇棚湾街、皇营路、龙行路等，以名人胜迹得名；竹竿巷、柴禾市街、瓷器胡同等，以店铺、厂坊等行业市场得名。听到这些路名，仿佛已经触摸到这个城市的历史文脉，也能勾起人们对城市历史的回忆和联想。

作为中华文明的重要发祥地和儒家文化发源地，济宁文化底蕴深厚，文化资源名气大、种类多，很多在全国全省具有唯一性、不可替代性。在济宁这片土地上出土有众多的文物珍品，它们陈列在博物馆中，向人们诉说着这座古老城市的历史。

文化厚度是一座城市最持久、最动人的魅力。从某种意义上来说，城市的形象、气质、性格都要依赖文化的涵养，而城市的发展更加离不开文化的支撑。济宁以融汇古今南北、内外兼容并蓄的姿态，在包括外来文化在内的各种文化类型的包容接受的基础上，形成了自己独特的城市精神。

从源远流长的儒家思想，到运河滋润的人文传奇，从精美别致的自然山水，到清新淳朴的风土人情，济宁，这块充满投资机遇的宝地，带着历史的荣光，今天的骄傲，更带着对未来的信心，书写着新的传奇。

【周公】

一年救乱，二年克殷，
三年践奄，四年建侯卫，
五年营成周，六年制礼乐，
七年致政成王。

【孔子】

子曰：『学而时习之，不亦说乎？

有朋自远方来，不亦乐乎？

人不知而不愠，

不亦君子乎？』

【孟子】

故天将降大任于是人也，
必先苦其心志，
劳其筋骨，
饿其体肤，
空乏其身，
行拂乱其所为，
所以动心忍性，
曾益其所不能。

【孔尚任】

问秦淮旧日窗寮，
破纸迎风，
坏槛当潮，目断魂消。
当年粉黛，何处笙箫？
罢灯船端阳不闹，
收酒旗重九无聊。
白鸟飘飘，绿水滔滔，
嫩黄花有些蝶飞，
新红叶无个人瞧。

一条大河波浪宽
风吹稻花香两岸
我家就在岸上住
听惯了艄公的号子
看惯了船上的白帆
姑娘好像花儿一样
小伙儿心胸多宽广
为了开辟新天地
唤醒了沉睡的高山
让那河流改变了模样
这是美丽的祖国
是我生长的地方
在这片辽阔的土地上
到处都有明媚的风光

——选自乔羽作词《我的祖国》

目录

054 / 083

第三章

诗仙诗圣携手同行

084 / 141

第四章

东方圣地 跟着圣人去游学

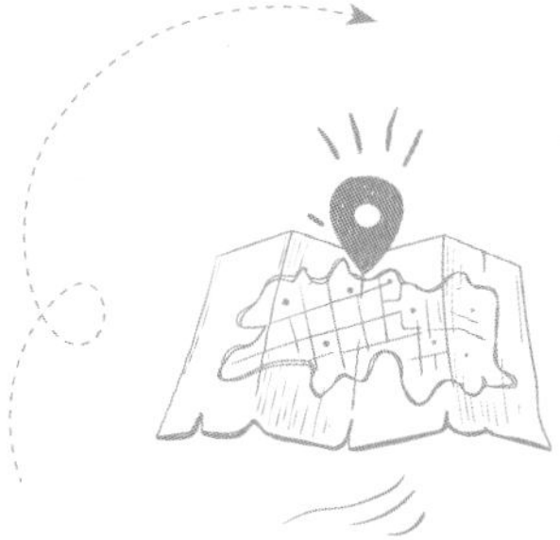

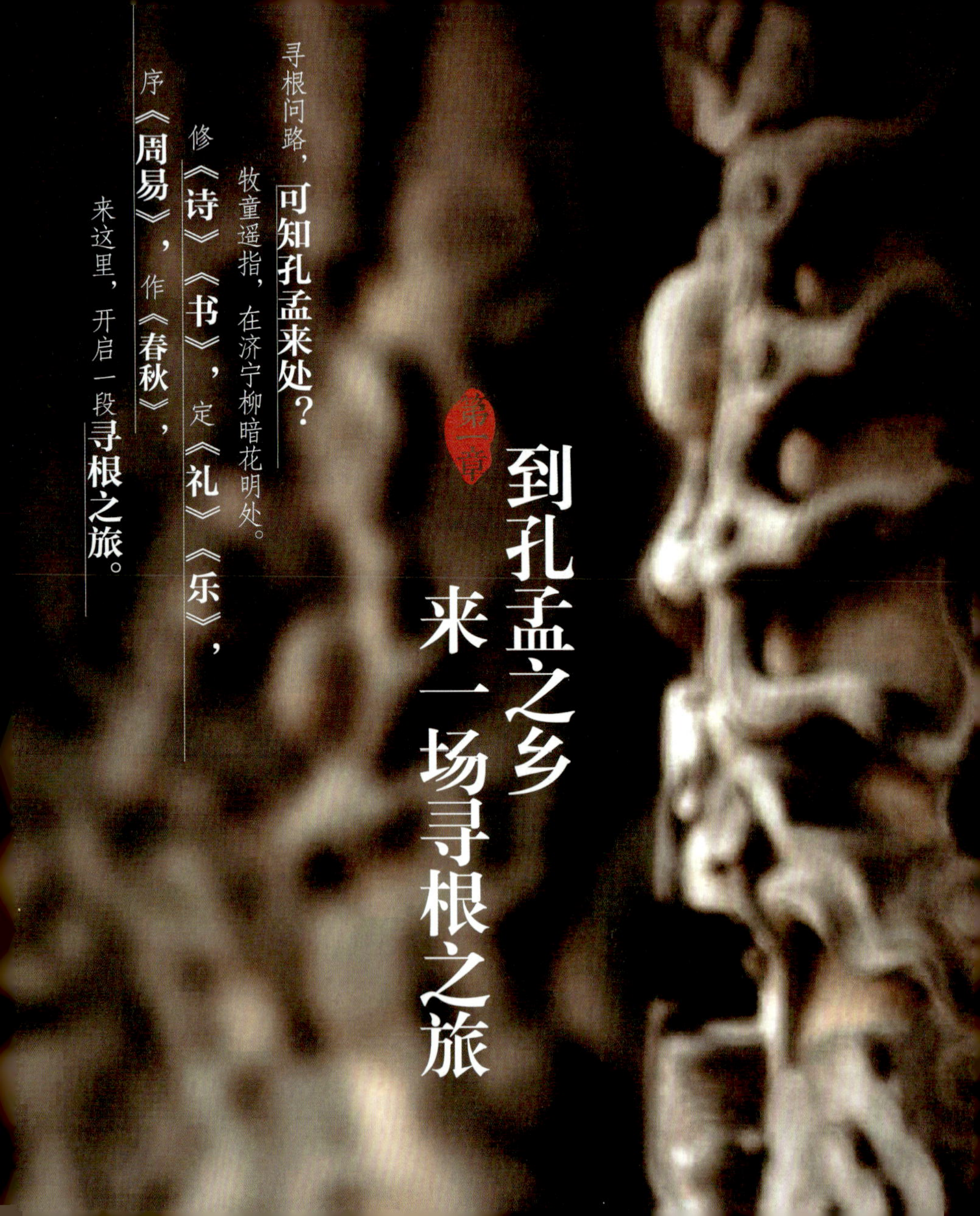

第一章

到孔孟之乡 来一场寻根之旅

寻根问路，**可知孔孟来处？**
牧童遥指，在济宁柳暗花明处。
修**《诗》《书》**，定**《礼》《乐》**，
序**《周易》**，作**《春秋》**，
来这里，开启一段**寻根之旅**。

孔孟之乡 运河之都

周玉森

如果论历史文化的厚重，国内没有几个城市能比得过济宁。这座位于鲁西南的千年古城是孔子、孟子、颜子、曾子、子思五大圣人的故乡，是中华文明的重要发祥地和儒家文化发源地。隋代，随着京杭大运河的开通和兴盛，济宁成为“水陆要冲，舟车云集之地”，也形成了融汇南北的独特文化，被称为“江北小苏州”“运河之都”。

儒家文化、始祖文化、运河文化、水浒文化、佛教文化和红色文化交相辉映，让济宁成为闻名中外的文化旅游胜地。曲阜三孔（孔府、孔庙、孔林）和京杭大运河被联合国教科文组织列为世界文化遗产。水泊梁山是水浒故事发生地、梁山好汉聚义之地。汶上宝相寺、兖州兴隆寺在

海内外佛教界享有盛誉。嘉祥武氏祠被誉为研究汉碑文化的“百科全书”。京杭大运河流经济宁 230 公里，济宁城区在元、明、清三朝均设有最高司运机构河道总督衙门，是名副其实的“运河之都”。此外著名的古迹还有：鲁国故城遗址、寿丘（黄帝诞生地）、周公（姬旦，周武王之弟）庙、少昊（五帝之一）陵、汉碑林，邹城的四孟（孟府、孟庙、孟林、孟母林）、铁山和岗山摩崖石刻、荒王（朱元璋第十子）陵、曾子（宗圣）庙，微山的殷微子（商纣王之兄）墓、张良墓，济宁城区的太白楼、声远楼、东大寺等。这些名胜古迹，为济宁这块古老的土地积淀了深厚的文化底蕴，使其成为海内外游客探幽访古的神圣之地。

济宁还拥有类型丰富、颇具特色的自然景观，是人们流连山水、亲近自然、旅游健身的好去处。石门山是李白、杜甫话别之处，孔尚任先后两次在此隐居共 22 年，酝酿了不朽之作《桃花扇》；峄山因山势奇特、怪石嶙峋，被称为“天下第一奇山”，微山湖是江北最大的淡水湖，铁道游击队的故乡。著名的自然景观还有尼山、凤仙山、北湖、泉林等。

自元代开始，管理大运河的最高衙门就设在济宁，因而济宁作为国家运输动脉的首府之地，被誉为“运河之都”。汶上南旺镇为“运河之脊”，建有号称“北方都江堰”的水利工程——南旺分水工程，堪称世界水利史上的奇迹。史书称运河济宁段为“南控江淮，北接京畿”“闭则为锁钥，启则为通关”，所以济宁通则运河兴，济宁堵则运河停。

唐槐宋塔金故城

✎ 景山

“任国”，这个上古的地名可能没有曲阜、兖州那么让人耳熟能详，但确是济宁这座城的源头。

据考证，距今五六千年前，今济宁一带就散布着众多的原始村落，居住在这里的“有仍氏”已进入父系氏族公社时期。夏朝时，济宁城区一带称为“任国”，（即仍国，古代仍、任两字同音）一直延续到商周两代。

秦朝统一全国后，废封建置郡县，改称为任城县。五代时期称济州。

北宋时期称济州济阳郡。到元至元八年（1271年）升济州为济宁府，这是济宁之名最早出现的年代。济宁地名的由来，据传因任城一带地势较高，可免水灾，能保安宁，故为济宁。

到了南宋和金南北对峙时期，任城处在金统治区。金、元时期的济州、济宁府、济宁路之任城，是指金时依北魏末年始建的任城的北面，隔护城河而新建的一座“土筑”新任城。据有关资料记载：由于“自来东方必争济州”，又因济州治地巨野常有水患，故于金天德二年（1150年）为加强济州军事战略地位，避免水患，而“迁济州治任城”。也就是说，为了把济州由巨野迁来任城，在靠着古任城北城墙

山阳古槐

的护城河的外圩“渔山”高阜处，又土建了一座新任城。于是，这座新土筑的任城，就成了济州驻地了。

等到明朝初期，任城又有所发展，据《济宁直隶州志》记载，由于金天德二年建的新城，虽处在“地势高亢”的“渔山”，但其“城旧以土筑”，因此在朱元璋安定天下后，为了确保安宁、不被“河水淹没”并巩固初建的明政权，进而在全国大筑砖城的盛风中，其城也“易土为砖”，时间系“明洪武三年（1370年）”，由济宁左卫指挥使狄崇重建。当时狄崇组织民工去王母阁取土烧砖，每块城砖30公斤左右，砖窑就设在今济宁糖果食品厂院内，至今仍被城南关老户人称为“窑头”。砖城（外砖内土）建成后，明洪武“十八年（1385年）改府为州，以州治任城，县省”。即自从明洪武十八年“置济宁州”，“任城县之名遂废”。从那之后，人们就不称其为“县城”而称之为“州城”了。可见，从明洪武三年任城“易以砖”后，到洪武十八年，这段时间里，该城虽为济宁府治所在地，仍名为任城，不叫济宁州城；叫“济宁

州城”，是“改府为州”，废任城县，由县升州后的事。

从济宁的发展演变可以看出，唐朝、明清、20世纪80年代末至今是济宁发展的巅峰时期，从济宁人口中的“唐槐宋塔金故城”也能反映这一历史沿革。唐槐就是古槐路上的古槐，俗话说槐树千年成木鬼，老槐树洞中空，弯腰扭身，颇有些令人敬畏之相，相传唐名将尉迟敬德曾于古槐下勒马看槐，故有“敬德勒马看古槐”的佳话。树一老，变成“神”了，现在老槐树挂满了市民寄托美好意愿的披红，成了市中一景。而宋塔，就是指济宁崇觉寺铁塔了，这座铁塔建于北宋。古代遗留下来的铁塔全国共有五座，济宁铁塔的高度为全国最高。所谓的金故城，也就是建于金、元时期的济宁故城了，如今的太白楼基础部分和打靶场是其遗迹。

从济州到济宁，名称的变换是济宁地区历史地理变迁的见证，虽一字之差，但凝聚着人们对美好生活的向往和企盼。

天下汉碑半济宁

郝亚松

俗话说“汉碑三字为宝”，在中国乃至世界文物界，汉碑都是难得的珍宝。济宁是儒家文化的发源地，孔子重礼教的观念在济宁影响深远，济宁自古就有树碑立传的传统。在济宁境内发现的汉碑，上面的刻字大多有几十字或数百字，因而成为了宝贝中的宝贝。

济宁地区汉代经学繁荣，经济、文化发达，一些官僚、地主和儒生重义崇礼，极力颂德谀墓，大兴树碑之风，因而地上地下存有大量的两汉碑刻。在我国目前发现并保存下来的七十余块汉碑中，济宁市就有 39 块，也就是说，全国现存的汉碑，有一半在济宁，因此不论从数量上还是从质量上，“天下汉碑半济宁”的说法可谓名符其实。

面对汉碑不同的外形和被岁月侵蚀的字迹，寻常人未必能说出它们的名字和来历，甚至不曾听说过这些国宝级的汉代碑刻。但是，对于书法界的人来说，不知道《景君碑》《鲁峻碑》《史晨碑》的恐怕不多，这些碑刻直接影响着中国书法艺术的形成和发展。许多史学家、

考古学家、书法家及游人等到此考察研究欣赏时，都拍手叫绝，倾慕不已。

在济宁市博物馆汉碑院内珍存的九块汉碑中，最珍贵、年代最久远的是《景君碑》，此碑高 288 厘米，宽 105.6 厘米，碑额篆书“汉故益州太守北海相景君铭”，十二字两行。全文五百六十一字。景君碑文字大部完好，隶字书法规范，是研究我国书法史的重要实物资料。

书法是中华文明特有的艺术门类。世界上绝大多数进入文明时代的民族，都有自己的文字，但能将文字的书写称为艺术的，则只有中国的文字。从书法的角度看，汉碑上的文字，大都给人一种正大威严、刚劲隽秀、粗犷豪放、气势磅礴的特点。

汉碑贯穿了我国隶书产生、发展、演化的全过程，是众多文物古迹中一颗璀璨的明珠，而济宁汉碑作为全国优秀历史文化遗产的一部分，已被列为国家重点文物进行保护，像一颗明珠在孔孟之乡这块具有丰厚人文积淀的沃土上熠熠生辉。

济宁汉画甲天下

文文

为治理运河，新任济宁运河同知黄易遍查运河两岸各县县志和水利图，清乾隆五十一年（1786 年）的一天，他来到了嘉祥县县衙。

在结束了各项繁琐的公务后，略显疲惫的他，随手从桌上拿起一本《嘉祥县志》翻看了起来，其中一段不起眼的文字引起了黄易的注意：县南三十里，紫云山西，汉太子墓，石享堂三座，久没土中，不尽者三尺。

据当地百姓相传，此处是汉武帝的第五个儿子昌邑王刘髆的陵墓，这一偶然的发现，让身为金石学家的黄易大为兴奋。根据这一线索，当年九月，黄易亲赴其地出资进行发掘，果然发现了淤没的祠堂、石碑和一对石阙。随即，黄易雇人拓下祠堂石壁上的画像和石碑上的碑文。细心审视之后，黄易却发现，此处并非是百姓口中所盛传的太子墓，而是曾在五百年前出现于宋人记载中但失踪已久的武梁祠。

根据武梁祠的位置，黄易接着又在附近发现前石室、后石室、左

石室以及“武氏祥瑞图”“孔子见老子”等二十余块汉画像石。随后黄易出资购地建房，将其它所有画像石嵌入四壁，妥善保管。

所谓汉画像石就是在石头上刻画然后再把它们作为建筑的零部件组合成墓室、祠堂、汉阙，从本质上而言，汉画像石就是一种祭祀性丧葬艺术。汉代厚葬之风盛行，超过了中国历史上的任何一个朝代。

武梁祠又称武氏祠，位于现山东省嘉祥县城南 15 公里，武翟山北麓的纸坊镇武翟山村，原是东汉末年嘉祥仕宦世家武氏的一处祠堂，现存石阙、石室各一对，汉碑两方、汉代画像石 44 块，是我国最具代表性的一处画像遗存。

在当时，武梁祠和散落汉画像石的发现，轰动了整个金石学界，这一发现打开了两千多年前汉代的生活全景图。虽说黄易将发现的汉画像石集中保护了起来，然而对武氏祠堂及其墓地并没有进行发掘，整个的武氏祠堂及更多的汉画像石依然被深埋地下，等待着另一位文化巨人的到来。

1955 年 5 月 4 日，一辆马车从济宁方向驶往嘉祥，当马车抵达嘉祥城南的一

处石桥附近时，从车上下来两个学者模样的人，其中一位是历史学家郭沫若。建国后，国家要公布全国第一批重点文物保护单位，当时全国各地逐级进行了申报，而当时负责这项工作的正是郭沫若先生。

郭沫若早就听说过嘉祥武梁祠，但是没到实地看过，心里没底，于是决定亲自看一下。下车后的郭沫若先生卷起裤腿，走到桥下，看到整个桥墩子上有大量的汉画像石，非常惊奇地说："汉石桥，原来都是用汉石垒成的桥，这些都是宝贝啊，用到建桥上，太可惜了，回去给县里建议，一定要把这些汉画像石收藏起来。"

接着，郭沫若直奔武氏祠，武氏祠内精美的汉画像石让他大为着迷，在每块石头前都仔细观看好长时间，并详细记录，但由于时间关系，郭沫若当天便离开了嘉祥。两年之后，郭沫若再一次来到了嘉祥武氏祠。

也正是郭沫若先生的两次到来，引起了社会各界的极大关注。1961 年，嘉祥汉化

墓群石刻与北京故宫、曲阜三孔、敦煌石窟等一起被列入国务院公布的“第一批全国重点文物保护单位”。

武氏祠汉画像石内容丰富、取材广泛，从各个不同的角度反映了东汉时期的社会状况、风土人情、典章制度、宗教信仰等，题材内容分为神话传说、经史故事、现实生活三大类，这些画面的内容包含了政治、经济、文化、军事和社会伦理道德等诸多方面，既是汉代社会的一个缩影，又透视了历史文化的积淀和社会发展轨迹，是中国历史上的一部“百科全书”。尤其是其中的历史故事最为丰富，有“中国汉画像石人物看山东，山东汉画像石看武氏祠”之说，有着极高的历史价值。这些来自汉代民间的图像，使我们在与历史久违了两千多年以后，得以借此想象当时的社会生活，认识和了解通过传世文献所不可知晓的汉代社会图景。

古城济宁水迢迢
随处清波随处桥

✎ 秦余

“一环八水绕济宁，十二明珠映古城”。每一座古城都有自己独特的烙印，行走于济宁这座依运河而兴的老城街巷间，一座老城墙、一处老码头、一棵老槐树……都似乎不时地提醒路人，这座城市那厚重的历史需要慢下脚步静心体会。

济宁城临河滨湖，具有河港密布的水乡特点，城西有京杭运河穿越，东有洸府河迂回，南有烟波浩淼的微山湖，形成二河抱城、一湖拥簇的水系格局，而济宁城内又有老运河、越河、府河、洸河、任城河，高新区有蓼沟河、杨家河、泥沟河，北湖还有龙拱河交织形成三横二竖加一环的城市水系网络。因此以河及附于其上的人工建筑物——桥、闸、坝等得名的地方很多，济宁是北方河流最多的地级城市。

河多湖多，桥自然多，曾有一首歌谣中这样唱道：“古城济宁水迢迢，随处清波随处桥，鬼斧神工今古造，串珠点点分外娇。大石桥，历史久，个人捐资夏家桥。吴泰闸，吴泰造，修桥补路美名高。林桥兴隆桥，阜桥汉石桥，红桥状元桥，粉莲桥，济阳桥，环翠桥，汇翠桥，绿树成荫叠翠桥，岁月沧桑太和桥，车水马龙老洋桥，熙熙攘攘南门桥，解放路口解放桥，清平巷北清平桥，护卫济宁的济安桥，调节水量的堰水桥，说书听戏马驿桥，洗浴美发柳巷口桥，草桥口，一对古槐掩草桥，太白楼，两家茶馆玉带桥，曲

弯弯，公园里面九曲桥，显赫赫，洸府河正架诗仙桥，高巍巍，运河正架麟渡桥，东大寺，东大寺桥索拉桥，快活林，永丰桥头喜眉梢，秦庄里，菜市有个秦庄桥，仙营西，小洸河上仙霞桥。桥是路，路是桥，路桥相汇成大道。”

由于济宁明清时期每年有数万石漕粮经运河运抵京都，朝廷在济宁设置了总督河道部院署（河道总督）及察院之类的管理机构，这些官署机关如今仍体现在济宁街巷地名之中。厅门口街、厅西街，以运河厅官署得名；道门口街，以清代运河道署（俗称道衙门）得名；院门口、院前街、院后街，以明清两代总督河院署得名；鼓手营街，则是因清代运河院、河道两署设官用乐队驻此得名。

济宁自古有四乡、八景、三塔、七寺、十八阁、七十二衙门之称。元代之前，城区内历史文物、名胜古迹星罗棋布于城关各处。自运河畅通后，伴随着商业的兴旺发达，宗教文化也相继渗入，更兼清康熙、乾隆屡次南巡，几度驻跸济宁，给济宁古城留下了许多与古人、胜迹相关联的街巷地名。如城隍庙街，明洪武二年（1369 年）济宁曾建城隍庙，街以庙得名，今为红星中路；皇经阁街，原名三元宫，俗称三皇庙，明代修建了一座收藏《玉皇经》的阁楼，故名皇经阁街；天仙阁街，俗称奶奶阁街，以阁得名，明代曾修建天仙阁一座，清代改称天妃阁；还有鼓楼街，以明代鼓楼得名，旧时城内晨敲钟、暮击鼓以报昏晓。

第二章 这里有多位人类始祖和圣人

这里是**中华文明的发祥地**

流传着人类始祖的动人传说

这里也是**儒家文化的摇篮**

记载着儒家圣人的诸多传奇

孔子、孟子及其儒家学说

成就这里『**孔孟之乡**』的美誉

也让这里成为**中国文化版图上的璀璨明珠**

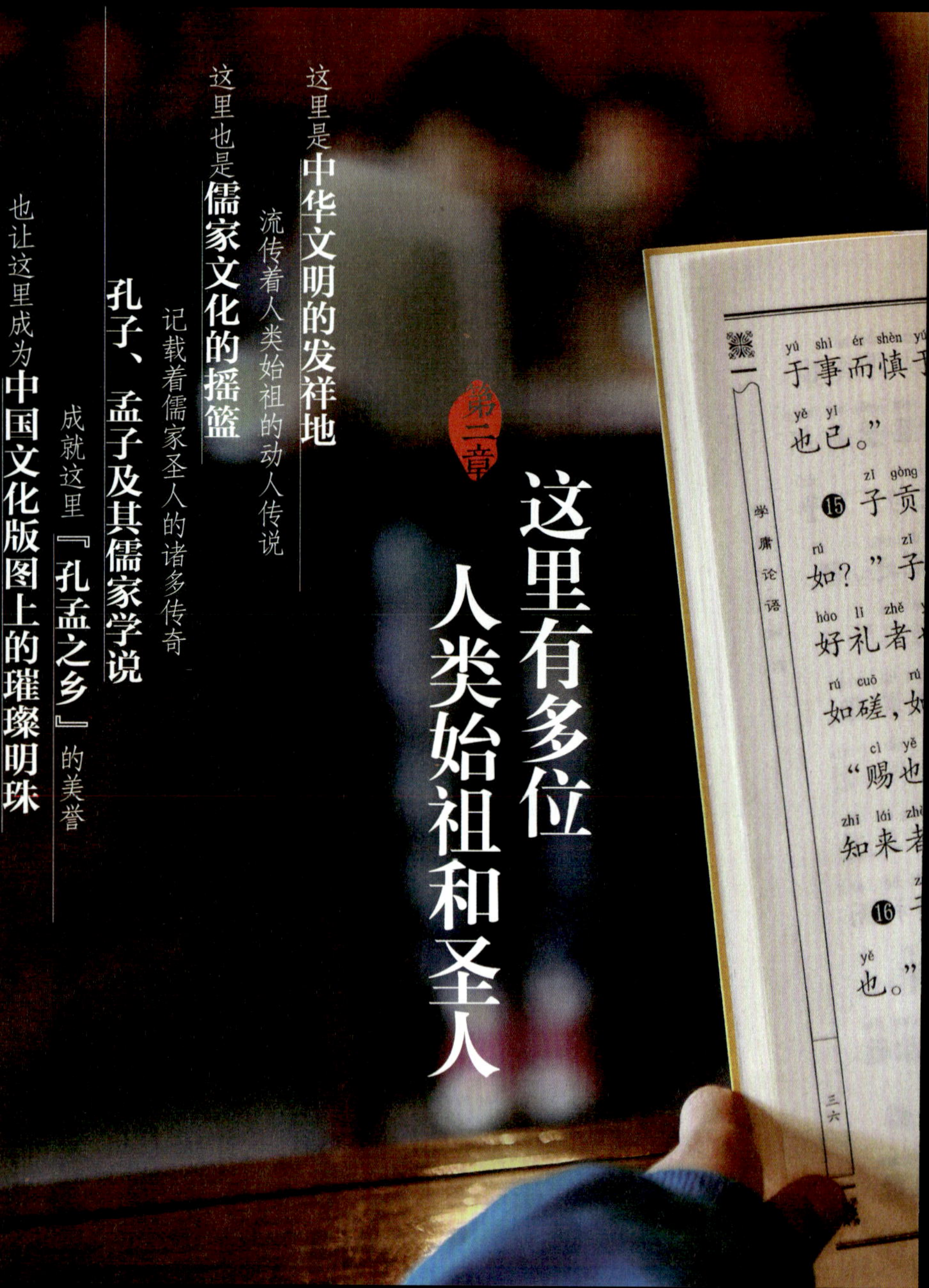

为政第二
子曰：“为政以德，譬如北
子曰：“《诗》三百，一言以蔽
子曰：“道之以政，齐之以刑，民免
有耻且格。”
子曰：“吾十有五而志于学；三十而
五十而知天命；六十而耳
七十而从心所欲，不逾矩。”
子曰
就有道而正焉
“贫而无谄，富
“可也。未若贫
子贡曰：“《诗》
其斯之谓与
可与言《诗》已矣
“不患人之不己知

人类始祖竟是济宁人！

王清华

还记得历史课本上关于“结绳记事”的章节吗？终结这段历史的，正是人类的始祖伏羲。还记得“盘古开天”的传说吗？相传，先祖伏羲，就是传说中的盘古氏，人首蛇身，与女娲兄妹相婚，生儿育女，根据万物的变化，创造占卜八卦，结绳为网，捕鸟打猎，教会人们渔猎的方法，并且发明了瑟、古琴，创作曲子。在山东济宁，正有个伏羲庙。

伏羲的出生非常神秘，可能正因如此，关于他的传说，在济宁的土地上流传甚广。据传上古时代，华胥国有个叫“华胥氏”的姑娘，去一个叫雷泽的地方游玩，偶尔看到一个巨大的脚印，好奇踩了一脚后，便有了身孕。怀孕十二年，生一子，人首蛇身，取名伏羲。

伏羲成婚，也是极为神秘的。在一次洪水吞没整个人类之后，唯有伏羲女娲两兄妹幸存了下来，人类面临着巨大的生存挑战。为使人类存活下来，兄妹必须成婚。他们商量按天意决定此事。

兄妹俩各自拿了一个大磨盘分别爬上昆仑山的南北两山，然后同时往下滚磨盘，如果磨合，就说明天意让他俩成婚。果然，磨盘滚到山下竟然合二为一了，于是，他俩顺天意成婚，人类从此得以延续。

还有一段神奇的故事，是关于伏羲画八卦的，从前，人们对天上有云彩、下雨下雪、打雷打闪，地上刮大风、起大雾感到很神奇，不知道是咋回事。很多人去问伏羲，他也说不出个原因。伏羲总想把这些事儿弄清楚，可想来想去，毫无头绪。

有一天，伏羲在河边捕鱼，看到一只白龟。他想：世上白龟少见哪！当年天塌地陷，白龟老祖救了自己的命，之后，不见踪影了。莫非这个白龟是白龟老祖的子孙？于是，伏羲挖个坑，灌进水，把白龟放在里边，逮些小鱼虾放坑里，让白龟吃。那白龟坑里的水格外清。伏羲每次去喂它，它都凫到伏羲跟前，趴在坑边不动弹。

伏羲常常坐在坑沿儿，看着白龟思考世间事。见白龟盖上长有花纹，便随手折下一根草秆，模仿白龟盖上的花纹画着，共画了九九八十一天。最后，他用一通道儿当阳，一断道儿当阴，一阳二阴，一阴二阳，来回搭配，终成八卦图。后人把伏

羲养白龟那个坑叫白龟池，画八卦那地方叫画卦台。八卦衍生《易经》，开华夏文明。因伏羲创造八卦，人们奉之为神，尊其为八卦祖师。

随着部落的兼并和迁徙，伏羲所创立和倡导的古代文明沿渭水传到黄河流域，与其它民族相融合，形成了以炎黄部落为核心，以伏羲文化为精髓的华夏民族。

Tips

伏羲

伏羲是古代传说中的中华民族人文始祖，是中国古籍中记载的最早的王，是中国医药鼻祖之一。相传伏羲人首蛇身，与女娲兄妹相婚，生儿育女，创造了占卜八卦，创造文字结束了“结绳记事”的历史，教会了人们渔猎，发明了瑟，创作了曲子。

除了炼石补天，你还了解女娲多少？

雪碧

第一次知道女娲，是在《红楼梦》的开篇，炼石补天剩下的那块石头“幻形人世”。曹公了得，开头就创造了一个迷离的神话世界，借由女娲补天的神话，引出一段木石前盟的姻缘。在山东济宁，便有一个“女娲庙”。

书中提到的女娲，正是中国上古神话中的创世女神。传说中，她是华夏族的母亲，是民间崇拜的创世神和始母神，神通广大化生万物，每天至少能创造七十样东西。

就像是农历正月初七，民间都庆祝“人日”，就是来源于女娲的传说。中国的很多地方，都流传着女娲正月初一造鸡，初二造狗，初三造猪，初四造羊，初五造牛，初六造马，初七造人的传说，在古人心里，鸡、狗、猪、羊代表春夏秋冬四季，牛、马代表地和天。人是万物灵长，天地间一片祥和。

女娲造人，也是妙趣横生。刚开始，女娲把黄土捏成团造了人，她又忙又累，竭尽全力也还是太慢。于是，聪慧的女娲想到一个办法，她将绳子投入到泥浆之中，举起绳子一甩，泥浆应声洒落到地上，变成了一个个的小泥人。

当女娲造人之际，诸神一起来协助她。黄帝造出男女性别，上骈造出耳朵眼睛，桑林造出胳膊手掌，女娲创造化育。因此，在民间，女娲也被尊为人类得以生存繁衍的生育之神。

《风俗通》云：“女娲祷神祠，祈而为女媒。因置婚姻。”史学家罗泌认为：“以其载媒，是以后世有国，是祀为皋禖之神，因典祠焉。”这应该是人类进入婚姻制度之后所赋予女娲造婚神话的痕迹。

当然，关于妇孺皆知的女娲，还流传着另外一个版本的故事。这个故事来源于《独异志》下卷，从前宇宙初开时，天地之间只有女娲兄妹二人，在昆仑山下，而天下未有别的人民。二人相议想为夫妻，又自觉羞耻。兄即与妹上昆仑山，诚意祈祷："天若同意我兄妹二人为夫妻，请将天上的云都合起来一团，要不就把云散了吧。"于是天上的云立即合起来，兄妹俩就成了夫妻。中华民族都是俩人的子孙后代。

相传女娲每造一人，取一粒沙作计，终而成一硕石，女娲将其立于西天灵河畔。此石因其始于天地初开，受日月精华，灵性渐通。不知过了几载春秋，只听天际一声巨响，一石直插云霄，顶于天洞，似有破天而出之意。

女娲放眼望去，大惊失色，只见此石吸收日月精华以后，头重脚轻，直立不倒，大可顶天，长相奇幻，竟生出两条神纹，将石隔成三段，似有吞噬天、地、人三界之意。

女娲急施魄灵符，将石封住，心想自造人后，独缺姻缘轮回神位，便封它为三生石，赐它法力三生诀，将其三段命名为前世、今生、来世，并在其身添上一笔姻缘线，从今生一直延续到来世。为了更好地约束其邪性，女娲思虑再三，最终将其放于鬼门关忘川河边，掌管三世姻缘轮回。

当此石直立后，神力大照天下，跪求姻缘轮回者络绎不绝。这便是三生石的传说了。三生石也被世世代代的年轻恋人奉为感情坚贞的象征。

Tips

女娲

女娲，中国上古神话中的创世女神。相传女娲造人，一日中七十化变，以黄泥仿照自己抟土造人，创造人类社会并建立婚姻制度;因世间天塌地陷，于是熔彩石以补苍天，斩鳖足以立四极，留下了女娲补天的神话传说。

相传，女娲出生于济宁，后埋葬在济宁。《兖州府志》云："女娲陵，在济宁州东南三十九里。"

原来古时候的济宁这么牛

古时候的济宁，特别受皇帝欢迎。尤其是京杭大运河开通之后，康熙、乾隆二帝多次沿运河南下江南，每次都在济宁停留小住，在济宁这片土地上，流传着很多关于乾隆下江南的故事。

在流传着的所有故事里，“土地神”救驾的传说，最为神奇。相传，在乾隆沿运河南巡途经济宁时，在小闸口忽遇狂风，波浪汹涌。在这紧要关头，一老者下河用肩扛住船头，顿时风平浪静。乾隆上岸后尾随老者，却见老者消失于土地庙中。乾隆认为是“土地神”救驾，事后命人修葺土地庙。在济宁，各家各户对“土地爷爷”的尊重，也是极为用心的。

乾隆皇帝在游览济宁铁塔寺时，还跟寺院的住持对过对子。乾隆熟知济宁的铁塔寺、慈灯寺、普照寺、玉露庵，故吟出上联：“铁塔挂慈灯普照玉露”。这一句出来，现场无不称奇。只见，住持略一沉思，不慌不忙对曰：“石佛系响铃声远金山”。住持的下联，直接将石佛寺、响铃阁、声远楼、金山庵这几个名字串联了起来。乾隆听后连连称赞，并对横批：“步步高登”。

乾隆皇帝在微山湖也留有一段佳话，这段佳话，与一个不知名的小男孩有关。据说，当乾隆皇帝路过微山湖时，天近黄昏，皇帝从船上下来休息。乾隆皇帝看到眼前一派静谧的景色，即兴吟道：“猫上茅屋风吹毛动猫不动”。这时，正在岸上玩耍的一个男孩儿立即对道：“虎喝湖水浪打湖湿虎不湿。”皇帝大惊，又道：“锡匠打锡锡溅锡匠一膝锡。”那男孩又对：“面夫罗面面飞面夫一脸面。”乾隆十分高兴，赞叹道：“这孩子有宰相之才啊！”

对联对得好，当然是一大好事，但是稍有不慎，就可能招来杀身之祸。好在古时候的济宁人也是相当机智的，接下来再讲一个关于“屠夫对联惊天子”的故事。

有一年，乾隆路过微山夏镇，见运河东岸，一户人家家门十分气派，大门上贴了一副对联更不了得，上联是："数一数二大户"；下联是："惊天动地人家"。横披是："先斩后奏"。皇上看后不悦，命人把这家主人找来问个明白。这家主人十分惊慌，匆忙向皇上解释："我家老大是卖烧饼的，数一数二地卖给人家；老二是擀鞭炮的，一点火就是惊天动地的一响；我是杀猪的，先杀猪后交税，所以是'先斩后奏'。"乾隆龙颜大悦，说道："写得好，赦你无罪。"

乾隆皇帝除了对人杰地灵的济宁大有好感之外，更是对济宁的美食念念不忘。相传，乾隆到夏镇游玩，突感腹内饥饿。此

时，碰巧在城北角，看到有一尼姑在庵内做饭，便令人前去求斋饭。尼姑向乾隆呈上用粗粮做的“盘天卧龙墩”“红嘴绿莺哥”。乾隆吃得煞是香甜，连连称赞。回到宫中，乾隆仍一心想着这两道菜，哪知御厨怎么做都不好吃。于是乾隆命人传唤老尼姑进宫。可谁知老尼姑却以“饥不择食，渴不择饮”为由拒绝了皇帝。乾隆明白了其中的道理，便命人在北京和夏镇分别建了乐道堂和乐道庵，并塑“盘天圣母”像以示纪念。

自从乾隆皇帝与济宁结下了这不解之缘，来济宁的次数就更多了，被济宁人亲切地称为“来济宁次数最多的皇帝”。

他是济宁人的直系祖先

✎ **凤氏**

在中国，龙凤呈祥寄寓着民间最美好的愿望，“望子成龙，望女成凤”更是承载着民间父母对儿女的期望。而这个最原始的凤文化，就是起源于少昊的部族。少昊，又称白帝，是中国神话中的五方上帝之一。在他的部落里，诞生着原始的凤文化，也成为了中华民族的吉祥图腾。相传，少昊是地地道道的济宁人，在济宁出生。

相传，在少昊诞生的时候，天空中有五只凤凰，颜色各异，分别为红、黄、青、白、玄五色，凤凰落在少昊氏的院子里，盘桓在院子上空，少昊也因此而被称为“凤鸟氏”。

少昊在其父黄帝、其母嫘祖的精心培育下，天赋禀赋，本领超凡。少昊被黄帝送到部落联盟里历练，取凤鸿氏之女为妻，成为凤鸿部落的首领，后又成为整个东夷部落的首领，是东夷势力的代表。黄帝时期，炎族和黄帝族融合，产生了早期的华夏族。

少昊在东海之滨建立一个国家，并且建立了一套奇异的制度：以各种各样的鸟儿作为文武百官，具体的分工则是根据不同鸟类的特点来进行。凤凰总管百鸟，然后再由燕子掌管春天，伯劳掌管夏天，鹦雀掌管秋天，锦鸡掌管冬天。除此之外，他又派了五种鸟来管理日常事务。

孝顺的鹁鸪掌管教育，凶猛的鸷鸟掌管军事，公平的布谷掌管建筑，威严的雄鹰掌管法律，善辩的斑鸠掌管言论。另外有九种扈鸟掌管农业，使人民不至于淫佚放荡。五种野鸡分别掌管木工、漆工、陶工、染工、皮工等五个工种。

一句话，各种各样的鸟儿都“鸟尽其材”，物尽其用，各司其职，协调活动。因此，一到开会的时间，百鸟齐鸣，一时间，莺歌燕语，嘈嘈杂杂。有轻盈灵巧的麻雀，有五彩斑斓的凤凰，有普普通通的喜鹊，也有引人注目的孔雀。而一国之君少昊就根据诸鸟的汇报，来论功行赏，论过行罚，一切都显得那么井井有条。百鸟们无不感激少昊的慈爱和德政，无不佩服少昊的智能和才华。少昊建立的百鸟之国繁荣昌盛，也是华夏文化的繁荣时期。

相传，少昊请来年幼聪敏、颇有才干的侄儿颛顼帮忙料理朝政。颛顼不负众望，干得很出色，深得叔父的赏识。少昊见颛顼常常累得精疲力竭，于心不忍，便将父亲传下来的那张琴搬出来，亲手教颛顼弹奏，助其提神和娱乐。

颛顼聪慧好学，很快就成为抚琴高手。以其精湛琴艺，赢得百鸟喝彩。若干年后，颛顼成人，便回到自己的国家，被尊为北方的天帝。颛顼一离开，少昊便觉得空荡荡的，每当看到那琴，徒增思念和烦恼，顿生物是人非之感，离愁难消。于是，他便拿起琴扔进了东海。从此，每当更深夜静、月朗星稀的时候，那平静的海面便飘荡着婉转悠扬、凄凄切切的琴声，让人流连忘返，惊叹不已。

少康还都开启少康中兴

启民

假如有这么一部剧：有个男孩，人生开局是遗腹子，成年后娶了个好丈人家的女儿，该丈人比较大方，给了他十里封地、五百名奴隶。原本安逸过日子就行了，但拥有了人生第一桶金的他，还一直把杀父之仇记在心上，并决心在有生之年完成复国大业。复国绝非易事，他想到了使用“间谍”，并派出了我国史载的第一个美女间谍，最终成功实现复国大业。这部王室、谍战加爱情的精彩戏剧你愿意看吗？反正我愿意看，而这位不幸的男主角在历史上确有其人，那就是夏王少康。

少康是第四任夏王仲康之孙，第五代夏王相之子，同时也是第三任夏王太康的侄孙。传说太康在位期间不理政事，每日沉溺于游猎之中无法自拔，经常携带家眷、亲信外出狩猎数月不归，结果被有穷氏首领后羿趁机夺了江山，史称太康失国。

太康死后，后羿立太康之弟仲康为傀儡君主。后羿凭着自己的射箭本领，也和太康一样，四出打猎，无心朝政。后来他把国家政事交给自己的亲信寒浞，寒浞却趁机瞒着后羿，收买人心。经过二十年时间的经营，寒浞的军队

终于攻灭斟灌氏和斟鄩氏，随即歼灭孤立无援的夏王相残军，正式成为夏国的新王。在这场决定性战役中，夏王相被杀，其妻后缗则在城破之前逃回娘家有仍氏，并生下了相的遗腹子，也就是本文的主角——少康。

在母亲小心翼翼地呵护下，隐姓埋名的少康渐渐成长。初懂人事后，母亲后缗便将亡国的惨痛经过逐一告诉他，并令其立志报仇雪耻，复兴夏国。亡国之耻令少康极为沉痛，更成为其矢志复国的动力。

虽然少康隐藏在有穷氏的消息鲜有人知，但还是被寒浞探知真相。为逃避寒浞的追杀，少康又逃亡到有虞氏部落，并当上了有虞氏国君的厨师长。有虞氏国君对夏国的灭亡很是痛心，同时对于寒浞的残暴统治很是愤恨，自然便对这位流亡的王子寄予厚望。不仅将两个女儿嫁给他，而且还赠予他“田一成（方圆十里）、众一旅（五百人）”。

正是依靠着这方圆十里、人口五百的根据地，少康日夜谋划复国大业，并将部众全部训练成以一敌百的猛士。然而少康深知，要想击败势力强大的寒浞，光靠这块地狭民寡的根据地，无异于痴人说梦，只能寻找盟友并诉诸于非正常手段才能看到希望。

为此，少康首先和夏朝遗臣首领伯靡建立联系，令其收服斟灌氏、斟鄩氏被伐灭时逃散的族人，由此来扩充军队，并将他们组建成一支复国生力军。在招兵买马的同时，少康还积极实施“间谍战”，令将军女艾时刻侦察动向，并让儿子季杼时不时地在戈地制造动乱，以迷惑、骚扰豷。女艾到了过地后，通过欺诈的手段骗得了寒浞之子浇的信任，并源源不断地把过地的情况报告给少康，从而为少康拟定灭浇行动计划提供助力。经过在纶城二十年时间的苦心经营后，羽翼丰满的少康正式打出复国的旗号，对寒浞公开宣战，并逐渐完成复国伟业，重建了夏后氏的统治。此时，距太康失国已有 95 年的时间。

在少康帝治理下，天下安定，文化大盛，各部落都拥戴他，夏朝再度兴盛，史称“少康中兴”。

Tips

少康

中国夏朝第六任王，在位时间公元前1940–公元前1880。相的儿子。传说寒浞派人杀了相后，相的妃子后缗逃到娘家有仍氏（有仍氏姓任，是一个小部落，地处现在山东省济宁市一带），生下少康。少康在济宁生活过很长时间，在济宁市任城区北二环北邻有一个少康湖。

这位老师堪称万世师表

徐从芬

如果给我一台威尔斯小说《时光机器》里的时光机，我要选择穿越到前551年9月28日的山东曲阜，伴着儒家始祖的出生，目睹他的成长和成名之路，因为这位中国两千年文人的偶像和导师，有着太多的传说和故事。

作为伟大的思想家、教育家，孔子在当时就被尊奉为“天纵之圣”“天之木铎”，后世更将其视为“至圣先师”“万世师表”。孔老夫子及其所开创的儒家学派影响了中国两千多年的历史，直至今日也仍被视为中华民族传统文化之根。

孔子在后世被人们送上神坛尊为圣人，圣人的名号让后人只可远远观瞻，却不能真正了解他的喜怒哀乐。汉武帝时的“罢黜百家，独尊儒术”开始将儒家思想推上了朝堂，此后作为统治思想的儒家学派便开始成为一种政治工具。而后宋明理学家们又借着儒家思想的外衣将自己的理念灌注其中，使孔子及其儒家学派成为专制礼教的宣传工具。孔老夫子由此成为一位“十全十美”的圣人，但我们也就此离真实的孔子越来越远了。那么在被捧上神坛之前的孔子究竟是怎样的一个人呢？

孔子有情有义。颜渊是孔子最喜爱和最得意的弟子，孔子曾经多次称赞他“贤哉，回也”，“回也，其心三月不违仁”，对于孔子来说，这是他所给出的很高的评价了，夫子甚至将颜渊视为己出。只可惜颜渊英年早逝，这对孔子造成了很大的打击，《论语》中记载，“颜渊死，子曰：‘噫，天丧予！天丧予！’”。啊，老天这是要了我的命啊！老天这是要了我的命啊！可见夫子对这位弟子的感情之深厚。《乡党》篇里说“朋友死，无所归，曰：‘于我殡。’”，孔子的一个朋友死后没有亲人殓葬，孔子便出来说，我来给他操办丧事！

孔子不卑不亢。孔子在《论语》中说：“若圣与仁，则吾岂敢？抑为之不厌，诲人不倦，则可谓云尔已矣。”孔子认为自己是远远称不上“圣”与“仁”二字的，只能说是在追求仁圣的道路上能坚持不懈，诲人不倦罢了。孔子又说：“文，莫吾犹人也。躬行君子，则吾未之有得。”这句话是说，就书本上的知识来说自己与别人其实差不多，而从做一个身体力行的君子方面来说，自己还差得太远。夫子甚至认为自己都不能称得上是一位君子。

但是如果您以为这些都是孔子的自谦之辞，那就错了。因为夫子还说："十室之邑必有忠信如丘者焉，不如丘之好学也。"可见对于自己好学勤勉的优点，孔老夫子显然是引以为豪，且不吝拿出来炫耀的。

孔子通权达变。受宋明理学家们的影响，我们往往认为孔子是一个固守礼制的人，他顽固守旧、泥古不化，但事实上孔子的思想中将权变放到了一个很高的地位。子曰："可与共学，未可与适道；可与适道，未可与立；可与立，未可与权。"这是说，可以共同学习的人，未必可以一

起学到道；可以共同学到道的人，未必可以一起坚守道；而可以一起坚守道的人，却未必可以一起达到通权达变的境界。

对弟子讲情，对朋友讲义，又不卑不亢、通权达变，这才是一个有血有肉的孔子。

Tips

至圣孔子

孔子，名丘（前551年至前479年），字仲尼，鲁国陬邑（今济宁曲阜）人，春秋时期伟大的思想家、政治家、教育家，儒家学派的创始人。

原来你是这样的孟子

儒布

著名物理学家杨振宁先生说，他从 30 岁以后做人处世全靠《孟子》。台湾大学哲学系教授傅佩荣先生潜心研究中国传统经典多年，他认为学习儒家思想不是为了解决一时一事的问题，而是要通过儒家的哲学思想建立一套正确的价值观。孟子继承并发扬了孔子的思想，孔子是大成至圣，孟子被称为亚圣，那么孟子是一个什么样的人呢？

亞聖殿
自愿上香
自愿捐款
亚圣殿
Hall of the Second

谈孟子的时候，很多人首先都会想到“孟母三迁”的故事。在孟子小时候，他们家住在坟墓区附近，所以小孟子还没上学时，看到有人送葬、挖坟、埋棺等等就跟着学。孟母一看，小孩子学这个好像不太适合，就想办法搬家。他们搬到了市场旁边，于是小孟子就跟着去吆喝叫卖，学称斤论两。孟母一看，这好像也不太适合，就再度搬家。这一次搬到了学校旁边，小孟子看到年纪比他大的哥哥们都去上学了，也跟着效仿，变得越来越有礼貌。孟母一看这个环境不错，就住下来了。所以，从这里可以发现，孟母对于环境教育非常重视。

关于孟子的第二个故事是在《三字经》里面。很多人都知道，叫做“子不学，断机杼”。它讲的就是孟子。孟子小时候念书，读着读着忽然停下来，

之后又再继续念下去。孟母知道他忘记了，就把自己织的布剪断。孟子一看，特别疑惑：母亲为什么把布剪断呢？孟母回答，你念书不用功，忘记了，我就把布剪断，要从头开始。所以，孟子从此以后念书，格外专心致志而不敢三心二意了。

孔子和孟子都是儒家思想的代表人物，所以后世的人们常把儒家思想称为“孔孟之道”。但是孔子的一生并不得意，他周游列国却没有机会实现自己的政治理想。那么，孟子的一生是否顺利呢？

历史记载，孟子从 40 岁开始周游列国，几年跑下来之后，没有什么特别的成就。比较重要的时间是 52 岁，他去梁国见了梁惠王，梁惠王第一句话就问：老先生（因为孟子已经 52 岁了），你不远千里而来，对我们的国家有什么帮助呢，有什么利益？他一讲利益，孟子就皱眉头，他说，大王何必谈利益呢！你只要谈仁义就够了。

由此，孔子有三千弟子，精通六艺者七十二人，但还要等到一百多年之后的孟子出现才跟他可以前后呼应形成孔孟的思想，代表儒家的正统。也由此，一代大师梁启超都爱孟子，他将《论语》比作饭，称最宜滋养，而将《孟子》比作药，“《孟子》如药，最宜袚除及兴奋。”

Tips

亚圣孟子

孟子，邹国（今济宁邹城）人，是我国传统儒学的重要奠基人之一，战国时代的思想家、政治家、教育家。

孔子门徒他为首

贤文

在曲阜孔府东部，有一座气势雄浑的古建筑群——复圣庙，祭祀的是孔子的最得意弟子——颜回，所以后人又称之为“颜庙”。作为比孔子小三十岁的弟子，却被孔子称为是自己三千弟子、七十二贤中的首位，

甚至在其去世时，圣人极度悲伤而恸哭一场，并说:“噫，天丧予！天丧予！”颜回到底是怎样的人，让一个其智若圣的男人为他流泪？

《论语》《家语》《史记》等书中说，颜回出身于贫苦的农民家庭，身居茅屋陋巷，用竹筒子当碗盛饭，用瓢喝水，但他人穷志不穷，安于其乐。他是孔子得意的高材弟子，少孔子三十岁，自幼勤奋好学，孔子说他能“闻一知十”。

一次，颜回请教孔子说：“我认为一个人虽然出身贫苦，但应安分守己，不

以贫为耻；自己虽是无职无权的卑贱者，但不要自卑，不应在贵人面前低三下四；不要依靠摆架子耍威风来树立自己的威望；与别人交朋友要与他一辈子共患难。把这样几条当作待人处世的标准你看如何？”孔子说：“好呀！如果一个人虽贫，不在富人面前自卑，安于贫，这样就没有其他欲望；自己没有地位也不觉得比贵人低下，这样自然谦和；有礼貌，平等待人，不装腔作势，就会自然受人尊敬，不脱离群众；交朋友，讲忠义，共患难，不说过头话，不办过头的事，就一定能搞好团结。如果你能做到这样几点，就是上古的圣人也不过如此。”

颜回言行一致，孔子称赞他的德仁，说他“不迁怒，不贰过”“其心三月不违仁”“善哉回也”。据传说，当时

Tips

复圣颜子

颜回（公元前521年－公元前481年）尊称颜子，字子渊，春秋末期鲁国人。十四岁拜孔子为师，终生师事之，是孔子最得意的门生。

有的同窗认为孔子对颜回的评价过高，很不服气。有一天，他们出了个点子，想考验颜回一下。见颜回走来，就派人绕道于前，在路上偷偷放下一锭金子，然后躲在一边，远远地看他如何处置。颜回突然发现了路上闪闪发光的金子，拾起来一看，不禁一愣，上面清清楚楚地写着一行小字："天赐颜回一锭金"。他摇了摇头，把金子翻过来，在另一面也写了一行字："外财不富命穷人"。写完后，把金子仍放在原处，拂袖而去。这件事很快传开了，大家从心里更加佩服颜回。

在春秋时代，孔子提倡"学而优则仕"，而作为孔门弟子中最为好学，德行最为昭著，最为孔子欣赏的颜回，终其一生不见他为仕一国。

《庄子 · 杂篇 · 让王》记载了颜回不愿意做官的经历，孔子对颜回说："颜回，你过来！你家庭贫困处境卑贱，为什么不去做官呢？"颜回回答说："我不愿意做官。我有城外的五十亩地，足够供给稠粥；城内的十亩土地，足够穿丝麻；弹琴足以自求娱乐，所学先生的道理足以让自己感到快乐。我不愿意做官。"孔子欣然说："好啊，你的愿望！我听说：'知足的人，不以利禄自累；审视自得的人，损失而不忧惧；进行内心修养的人，没有官位而不惭愧。'我诵读这些话已经很久了，现在在颜回身上才看到它，这是我的心得啊！"

孔子还说过："我自从有了颜回，在他的影响下，弟子们更加亲密团结。"但由于颜回用脑过度，二十九岁，头发全白，不幸于四十一岁病死。颜回死后，历代统治者都为他封官晋爵，唐朝赠封他为兖公，宋朝封他为兖国公，元朝封他为兖国复圣公，明嘉靖九年（1530 年）又尊为复圣颜子。

“修齐治平”到底啥意思？

杨修

“古之欲明明德于天下者，先治其国；欲治其国者，先齐其家；欲齐其家者，先修其身；欲修其身者，先正其心……心正而后身修，身修而后家齐，家齐而后国治，国治而后天下平。”

在很多古装剧中，如果要预示着一位皇子日后会成为一代贤明的君王，肯定会有这样的镜头：

深夜，小皇子在老夫子的指导下，拿着一本书，正襟危坐，摇头晃脑、奶声奶气地诵读着上边这段话。老夫子肯定会在小皇子的桌前，捋着胡须来回踱步，时不时满意地点点头。紧接着镜头一闪，小皇子就长成了风度翩翩、玉树临风的大皇子，开始具体向观众讲述他的“帝王养成记”。

为什么贤明的帝王都得读开篇这段话呢？答案就在这段话所出自的著作和写这本著作的人身上。

这段话出自《大学》，相传为曾子所作，它跟《中庸》《论语》《孟子》并称“四书”，是古代官定的教科书和科举考试的必读书，对中国古代教育产生了极大的影响。

《大学》的作者曾子，名参，字子舆，春秋末年鲁国南武城（今山东济宁嘉祥县）人，是孔子儒学的正宗传承人，是继孔子之后著名的思想家、教育家。在“孔子—曾子—子思—孟子”这个儒家传承链条中，曾子是承上启下的重要人物。

在《大学》中，曾子以修身为根本环节，提出“格物、致知、诚意、正心、修身、齐家、治国、平天下”，被称为“八条目”。其中，“格物、致知、诚意、正心”是对“修身”的补充、说明。因此，八条目可以概括为常讲的“修身、齐家、治国、平天下”四条目。

综上所述，《大学》之道的核心就是“修齐治平”，这也是儒家治国之道的核心策略。秦以后，历代帝王都推崇儒学，而《大学》为从政者设立了人生的阶梯，所以《大学》成为历代帝王必修科目。

“修齐治平”到底啥意思？

从字面上理解通过“格物、致知、诚意、正心”达到修身的目的之后，就可以使得家齐，家齐之后就可以将国家治理好，国家治理好了就可以平定天下。“修齐治平”之间是一种从前到后的因果关系，讲求先后顺序，彼此间又相辅相成。

儒家强调“修己是治人的前提”。因此，修身既是《大学》思想的根本目的，同时又是治国平天下的出发点。必须要通过提高自身的道德修养，来实现家庭的和谐，社会的和谐，乃至天下的和谐。

可以说，修身是曾子的重要思想，他把修身看作是实现仁政德治的根本。他以君子为修身标准，就如何说话、做事、待人、交友提出了一系列主张，他的“吾日三省吾身”和“慎独”，是现在很多人的修身规范。

在“修齐治平”这个因果顺序中，不得不提的是曾子另一个重要思想“孝”。曾子在《孝经》中提出“夫孝，始于事亲，中于事君，终于立身”。由此看，孝可以构建和实现家庭关系的和谐，是齐家的基本内涵，而从齐家到治国的途径也是一个“孝”字，这也是为什么中国古代倡导以“孝”治天下的原因。

当然，“修齐治平”并不只是帝王的必修课。儒家主张“学而优则仕”，提倡积极的出世精神，鼓励每个人以修身、齐家、治国、平天下为己任。而儒家的正人先正己、修已以安百姓、修身治国齐家平天下的政治理想，可以说是我国古代政治文化的精华。

Tips

宗圣曾子

曾子（公元前505年–公元前435年），名参（shēn），字子舆，春秋末年鲁国南武城人（山东嘉祥县），是中国著名的思想家，孔子的晚期弟子之一，与其父曾点同师孔子，是儒家学派的重要代表人物。

上承孔子中庸之学　下开孟子心性之论

咖啡

爷爷是孔子，老师是曾参，子思是含着金汤匙诞生的人。子思是春秋战国时期著名的思想家，他受教于孔子的得意门生曾参，因此，孔子的思想学说，由曾参传子思，子思的门人再传孟子。

子思在儒家学派的发展史上占有重要的地位，他上承孔子中庸之学，下开孟子心性之论，并由此对宋代理学产生了重要的影响。据说古时科举考试必读“四书五经”，这其中就包括子思写的《中庸》。

《中庸》是一篇论述儒家人性修养的散文，原是《礼记》第三十一篇。《中庸》经北宋程颢、程颐极力尊崇，南宋朱熹作《中庸集注》，最终和《大学》《论语》《孟子》并称为“四书”。宋、元以后，《中庸》成为学校官定的教科书和科举考试的必读书，对中国古代的教育产生了极大的影响。

《中庸》的中心思想是儒学中的中庸之道，它的主要内容并非现代人所普遍理解的中立、平庸，其主旨在于修养人性。其中包括学习的方式：博学之，审问之，慎思之，明辨之，笃行之。也包括儒家做人的规范如“五达道”，即：君臣也，父子也，夫妇也，昆弟也，朋友之交也。此外还有“三达德”，包括知、仁、勇等。《中庸》所追求的修养的最高境界是至诚或称至德。

中庸之道的主要原则有三条：一是慎独自修，二是忠恕宽容，三是至诚尽性。主题思想是教育人们自觉地进行自我修养、自我监督、自我教育、自我完善，把自己培养成为具有理想人格，达到至善、至仁、至诚、至道、至德、至圣、合外内之道的理想人物，共创“致中和，天地位焉，万物育焉”的“太平和合”境界。

因此，北宋徽宗崇宁元年，子思被追封为“沂水侯”；元朝文宗至顺元年（1330年），又被追封为“述圣公”，后人由此而尊他为“述圣”。

Tips

述圣子思子

子思，名孔伋，字子思，孔子嫡孙。生于东周敬王三十七年（公元前483年），卒于周威烈王二十四年（公元前402年），终年八十二岁。春秋战国时期著名的思想家。

酒入豪肠，

七分酿成了月光，三分**啸成剑气，**

秀口一吐就是半个盛唐。

太白酒斟满放在桌上，李白词吟诵誊在纸上。

追随李白杜甫的扁舟，

去触摸济宁夜空里的**一抹星光。**

第三章

诗仙诗圣 携手同行

孔圣人与他惺惺相惜

宣宣

犹记少年时，背书勤勤恳恳，跟着老师，读一句，背一句。《史记》里写道："左丘失明，厥有国语"，我们就摇头晃脑地背起来。那时候，并不知道，失明的左丘明原来跟孔子有如此深厚的友谊。

在《论语》中，有这样的描述："子曰：巧言、令色、足恭，左丘明耻之，丘亦耻之。匿怨而友其人，左丘明耻之，丘亦耻之。"可见，文圣孔子可是把左丘明当作老大哥来看待了，是他做人的榜样典范。左丘明家，古属济北国，今隶兖州。济宁人对他的研究，一直没有停下脚步。

后人想要揭开孔子与左丘明关系的面纱，可在孔府档案馆珍藏的《左传精舍志·荐圣图》中探知一二："鲁侯欲以孔子为司徒，将召三桓议之，乃谓左丘明。"左丘明说了几句话，鲁侯即召孔子为司徒，左丘明助孔子发挥其聪明才智，于国于民利莫大焉！当然，从这段小故事中，我们可知，鲁侯非常器重左丘明，遇大事与之商量，征求意见。左丘明足智多谋，才思敏捷，比喻恰当，对答如流。

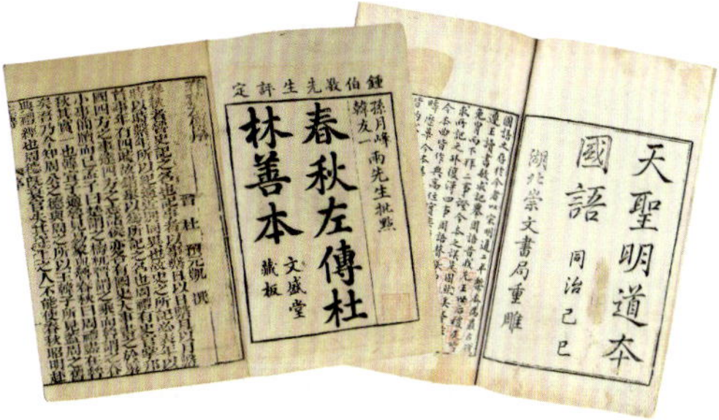

由此推论，那时，左丘明的年龄、地位和威望绝不亚于孔子。

孔子上任之后，与左丘明为挚友同道，关系异常密切，友谊笃定。

左丘明器重孔子，称孔子为圣人。孔子对左丘明亦非常推崇，异常赞赏。肥城古有八景，书院秋风为其中之一，书院在凤凰山之阳（今桃园镇境内），相传左丘明退休隐居都君庄后，孔子前来拜访老友，在凤凰山前遇雨，曾晒书于此，后人改称山前小庄为“晒书城子”，并立书院以纪念此事。

左丘明后裔丘氏与孔子之后裔，相互认可，世代友好，友情不断。据传，唐太宗李世民敕封左丘明为“经师”之后，曾在孔府召见左丘明后裔“商丘公”，孔子后裔了解其先祖孔子与左丘明为至交，对商丘公非常友善，并宴请商丘公。相传宋真宗在曲阜孔府召见丘芳，孔子后裔待丘芳为上宾，以后来往亦如至爱亲朋。明朝，孔子后裔将左丘明以“史圣”推崇给嘉靖皇帝，嘉靖敕封左丘明为“先儒”，并敕建墓门坊，御书“先儒之墓”。嘉庆八年，衡鱼邱氏呈请审批左丘明奉祀五经博士，孔府衍圣公极力支持，可见左丘明与孔子世代友善，亲如一家。

除此之外，左丘明坚强的意志，更是妇孺皆知。他在晚年时眼睛出了毛病，不得不辞官回乡，不久就双目失明了。**强烈的历史使命感使他振作起来，将几十年来的所见所闻，各诸侯国的要闻等记述下来，汇集成著名的历史名著《国语》。《国语》是中国最早的一部国别史，与《左传》一起成为珠联璧合的历史文化巨著。**

如今，孔子和左丘明，早已成为历史长河中的闪闪明星，但是孔子和左丘明的友谊，不仅成为流传千古的一段佳话，更成为圣人间惺惺相惜的典范。

Tips

左丘明

左丘明，姜姓，丘氏，名明，华夏人，生于前502年，死于前422年，享年80岁。

才子何休 世儒不及

汉武

初识何休，是看到何休对《诗经》的评论“饥者歌其食，劳者歌其事”，也顺便知道了何休写的那本大名鼎鼎的《春秋公羊解诂》。何休本是东汉时期儒学大师，字邵公，地地道道的济宁任城人。

何休为人质朴，性格厚道，虽不善言词，但内心很有主见。“雅有心思，精研《六经》，世儒无及者”，曾为太傅陈蕃召用，参与政事。后受党锢事件的牵连，废官十七年。党禁解，辟为司徒掾属，拜议郎，迁谏议大夫。精研六经，对“三坟五典，阴阳算术，河洛谶纬，莫不成诵”。

相传，何休口讷，不善讲说。当何休的门徒有问题要请教他的时候，何休就用书面方式来回答。这位淡泊名利的才子，即便当上了郎中，也因不合于自己的志愿，以病辞去。他闭门不出，用功十余年，作《春秋公羊传解诂》12卷。又注《孝经》《论语》等。另作《春秋汉议》13卷，以春秋大义，驳正汉朝政事六百多条，“妙得公羊本意”。党禁解除，被召为司徒掾属，拜议郎，再迁谏议大夫。

何休是董仲舒以后，最大的《公羊》学者。汉末年，“以为《公羊》可夺，《左氏》可兴”的呼声甚嚣尘上，何休感叹不已：“余窃悲之久矣！”因此，决心继承汉初以来《公羊》学的事业，花了十七年心血，撰成《公羊解诂》，“略依胡毋生条例，多得其正，故遂隐括，使就绳墨焉”（《公羊诂自叙》）。《公羊解诂》作为两汉《公羊》学之集大成著作，博采众家精华。何休自序云遵照胡毋生的“条例”，说明他远袭汉初第一代经师的学说。

何休作为一个学识渊博的今文经学家，他治学的态度严谨、认真。他仿效古文经学的注解法著《春秋公羊解诂》，与那些引章断句的博士文有很大的差别，这就是严整缜密，系统性强。他所注经书，虽不能挽救今文经学的崩溃，但影响却颇大，以至成为今文经学方面的领袖人物。

汉武以来，罢黜百家、独尊儒术，儒生之学，非仅为通经致用，更有立足士林，厕身庙堂，贵显身价、光耀本族之功效。故门派森严、家法林立，各执己见，以为奇货。时人谚语曰：“遗子黄金满籯，不如一经。”为此状真实写照。沿及东汉，昔日经生博士，颇有历辈为官，盘根朝野，数世公台，享有盛名者。故儒生亦以朝局为己任，纠弊刺邪，讽谏不法。何休受辟陈蕃，得罪党祸，锢弊之际，著书立说，流传后世，乃所谓有感而发也。

何休作《春秋公羊解诂》，亦承继董仲舒所绵延不绝的今文经学派，瓜蔓相寻，一脉相传。何休的学说，也得以流传后世、影响极广。董仲舒与何休，虽悬隔两代、相差百年，但所发明、所阐述，既有因循，又有发覆。此书实为经典巨著。

Tips

何休

何休，即何子(129-182)，中国东汉时期今文经学家，儒学大师。何休为人质朴多智，精研六经，“三坟五典，阴阳算术，河洛谶纬，莫不成诵”。

过目不忘，
“建安七子”他为冠

达达

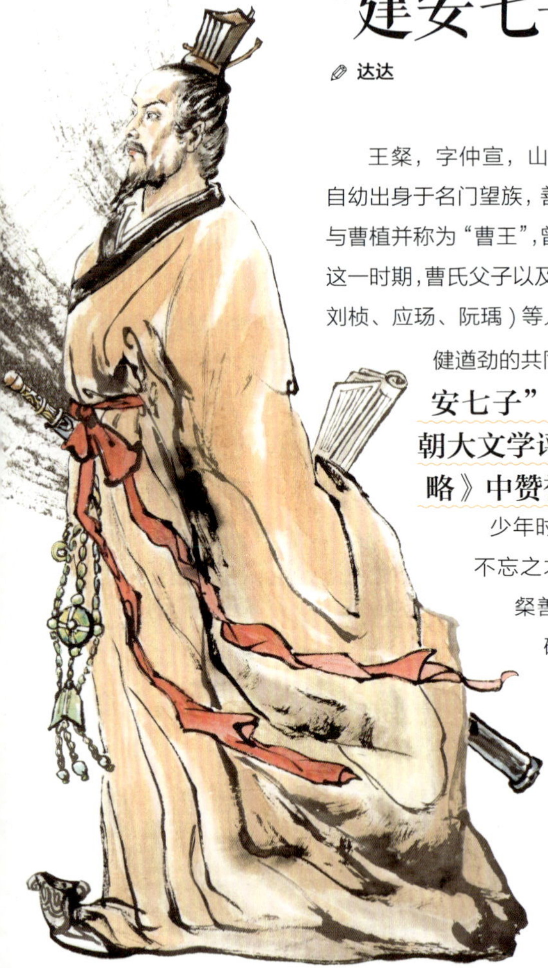

王粲，字仲宣，山阳高平（今济宁市微山县两城镇）人，自幼出身于名门望族，善属文，是我国东汉末年著名的文学家，与曹植并称为“曹王”，曾写下了著名的《登楼赋》和《七哀诗》。这一时期，曹氏父子以及“建安七子”（王粲、陈琳、孔融、徐幹、刘桢、应玚、阮瑀）等人的诗作，能够反映社会现实，有着刚健遒劲的共同风格，世称“建安风骨”。**王粲在“建安七子”中成就最大、名声最高，梁朝大文学评论家刘勰在《文心雕龙·才略》中赞誉王粲为“七子之冠冕”。**

少年时，王粲便有才名，博闻强记，有过目不忘之才。《三国志·魏书·王粲传》记录王粲善计算。作算术，可以很简捷地得出正确答案。善属文，有倚马之才为文一挥而就且不用修改，时人常常以为王粲是预先写好的，但即便他们反复构思，写出的文章也没法超过王粲。

在《三国志·魏书·王粲传》中，还记录着有关王粲的博闻强识的故事。

一日，王粲和友人同行，看见路边有座古碑，就站在那儿朗读起来。友人问他：“你能背诵吗？”王粲回答：“能。”友人当即叫他转过身去背诵碑文，结果一字不差。

又一次，王粲看别人下围棋，有人不小心碰乱了棋子，他说能帮着人家按原来的局势把棋子重新摆好。下棋的人不信，拿出块手帕盖在棋盘上，让他换个棋盘重摆，结果，一点误差也没有。

他以诗赋见长，《初征赋》《登楼赋》《槐赋》《七哀诗》等是其作品的精华，也是建安时代抒情小赋和诗的代表作。明代人辑录其作品，编就《王侍中文集》流传后世。著名的文学典籍《昭明文选》中也有王粲的作品。

王粲二十多岁时，曾遇“医圣”张仲景，他对王粲说：“你已经患病了，应该及早治疗。如若不然，到了四十岁，眉毛就会脱落。眉毛脱落后半年，就会死去。现在服五石汤，还可挽救。”可是王粲听了很不高兴，自认文雅、高贵，身体又没什么不舒服，便不听他的话，更不吃药。

过了几天，张仲景又见到王粲，就问他：“吃药没有？”王粲骗他说：“已经吃了。”张仲景认真观察一下他的神色，摇摇头，严肃而又恳切地对王粲说：“你并没有吃药，你的神色跟往时一般。你为什么讳疾忌医，把自己的生命看得这样轻呢？”王粲始终不信张仲景的话，二十年后眉毛果然慢慢地脱落，眉毛脱落后半年，也就是建安二十二年（217 年）卒，享年四十一岁。

Tips

王粲

字仲宣，东汉末年文学家，“建安七子”之一。王粲善属文，其诗赋为建安七子之冠，又与曹植并称“曹王”。

文成公主

可乐

生于斯，长于斯！

625 年，一个可爱的女婴在济宁任城区呱呱坠地。作为一名唐室远支宗室女，谁也想不到的是，15 年后，她会被崇尚“一桩婚姻就相当于十万雄兵”的唐太宗李世民封为文成公主，远嫁吐蕃，成为吐蕃赞普松赞干布的王后。

历史记载，文成公主一行从长安出发，途经西宁，翻日月山，长途跋涉到达拉萨。松赞干布率群臣到河源附近的柏海（今青海玛多县境内）迎接文成公主，之后与公主同返逻些（今拉萨），为公主筑城、修

建宫室。

从某种意义上说，文成公主也是一位苦行僧，尽管她有着大唐皇室的尊贵身份，她随行的车辇载满了珍珠玛瑙，但它们显然不能使公主的远行变成一次豪华旅游，在那条布满陷阱的道路上，埋伏着战争、抢劫、报复以及自然灾害，无论她多么高贵都不可能购买到舒适的快程车票，相反，所有的奇珍异宝在苦旅中都成为无法摆脱的重负，成为向强盗发出的邀请函。我不知道一个尚处于青春期的女孩子如何挑得起这一繁重的使命。她是否后悔过，暗自哭泣过？是否萌生过逃离的念头？

据《吐蕃王朝世袭明鉴》等书记载，文成公主进藏时，礼仪极为隆重，队伍非常庞大。唐太宗的陪嫁极尽奢华。据说，在陪嫁礼单中出现了：“释迦佛像、珍宝、金玉书橱、360 卷经典，外加各种金玉

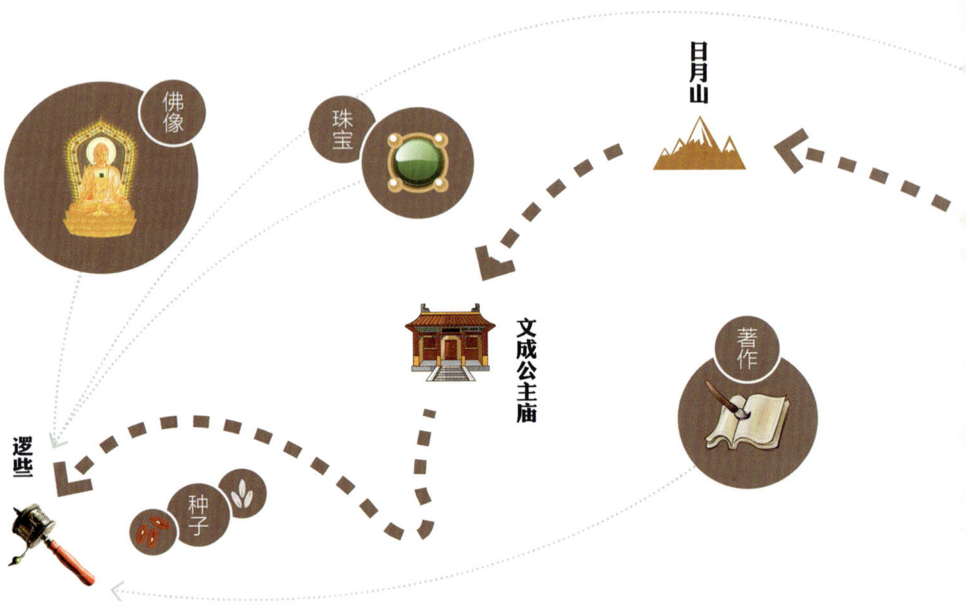

饰物。”多种烹饪食物，各种花纹图案的锦缎垫被，卜筮经典 300 种，识别善恶的明鉴，营造与工技著作 60 种，100 种治病药方，医学论著 4 种，诊断法 5 种，医疗器械 6 种……还携带各种谷物和芜菁种子等。文成公主带来的金质释迦佛等身像，至今都是藏族人民崇拜的圣物。

文成公主与吐蕃松赞干布和亲，开创了唐蕃交好的新时代。松赞干布非常喜欢贤淑多才的文成公主，专门为公主修筑的布达拉宫，共有 1000 间宫室，富丽壮观。但后来毁于雷电、战火。经过十七世纪的两次扩建，形成现今的规模。布达拉宫主楼 13 层，高 117 米，占地面积 36 万平方米，气势磅礴。布达拉宫中保存有大量内容丰富的壁画，其中就有唐太宗五难吐蕃婚使噶尔禄东赞的故事，文成公主进藏一路遇到的艰难险阻，以及抵达拉萨时受到热烈欢迎的场面等。这些壁画构图精巧，人物栩栩如生，色彩鲜艳。布达拉宫的吐蕃遗址后面还有松赞干布当年修身之室，四壁陈列着松赞干布、文成公主、禄东赞等的彩色塑像。

松赞干布迎娶文成公主后，中原与吐蕃之间关系极为友好，使臣和商人频繁往来。松赞干布十分倾慕中原文化，他脱掉毡裘，改穿绢绮，并派吐蕃贵族子弟到长安国学读书。

根据《敦煌本吐蕃历史文书》的《编年记事》记载：“此后六年，墀松赞赞普升遐（归天），与赞蒙文成公主同居三年耳。”两人共同生活的时间并不长。

历史上，基本每一位和亲的公主都是不幸的，用自己一生的幸福去换取社会的和平安定。文成公主无疑是伟大的。女人常常被喻为红颜祸水，文成公主则是水的另一种状态。她应该是西藏高原上最纯净、最透明的冰雪，默默地闪烁着太阳般的夺目光辉，无私、温暖，如永恒不灭的明灯。

诗坛双星 携手同行

周星星

杜甫者，唐代著名诗人也，人称“诗圣”，有兄名李白，友谊笃定，常“醉眠秋共被，携手日同行”。

二人写诗为乐，李诗浪漫飘逸，杜诗沉郁顿挫，一言不合就“斗诗”。

杜甫轻捻胡须，一首《赠李白》信手拈来：“秋来相顾尚飘蓬，未就丹砂愧葛洪。痛饮狂歌空度日，飞扬跋扈为谁雄！”

李白大笔一挥，一首《戏赠杜甫》横空出世：“饭颗山头逢杜甫，顶戴笠子日卓午。借问别来太瘦生，总为从前作诗苦。”这里诗中的饭颗山就是兖州一地名。

当然，互夸起来，两位仁兄也是极尽溢美之词。

杜甫到长安后，作《饮中八仙歌》，写他人或三句或二句，独写李白写了四句：

“李白斗酒诗百篇，长安市上酒家眠。天子呼来不上船，自称臣是酒中仙。”描写李白诗酒神仙的醉态，可谓生动如画。

李白话别杜甫时，也是依依不舍。比如，在《鲁郡东石门送杜二甫》中，李白道：醉别复几日，登临遍池台。何时石门路，重有金樽开？秋波落泗水，海色明徂徕。飞蓬各自远，且尽手中杯！

韩愈常说，“李杜文章在，光芒万丈长。”要说这李杜相会，还是闻一多先生之说最为贴切：“我们该当品三通画角，发三通擂鼓，然后饱蘸了金墨，大书而特书。因为我们四千年的历史里，除了孔子见老子（假如他们是见过面的），没有比这两个人的会面更重大、更神圣、更可纪念的。我们再逼紧我们的想象，譬如说，青天里太阳和月亮碰了头，那么，尘世里不知要焚起多少香案，不如有多少人要望天遥拜，说是皇天的祥瑞。如今，李白和杜甫，诗中的两曜，劈面走来了。我们看去，不比那天空的异瑞一样神奇，一样意义重大吗！”

李、杜之间的友谊，是两个时代巨人，惺惺相惜的情怀，是中国文坛历久弥新的千古美谈。

晚唐诗人吴融有诗一首，是现存最早将李白、杜甫和兖州联系在一起的诗作。如今，那个布满青苔水痕的普通石床（现于济宁兖州金口坝），正因有了诗仙诗圣的“清赏”，才从此声动乾坤，名传千古。岁月悠悠，“光景不回”，当年的“盛事”已成历史的烟云，但是李杜的光芒，定当名传千古。

正如吴融在《题兖州泗河中石床》所言：“一片苔床水漱痕，何人清赏功乾坤？谪仙醉后云为态，野客吟诗月作魂。光景不回波自远，风流难问石无言。迩来多少登临客，千载谁将胜事论？”

李白杜甫在兖州，双曜相聚瑕丘城。

Tips

李白与杜甫并称为中国诗歌史上的“双子星”。两位诗人与济宁有着不解之缘，“诗仙”李白寓居济宁多年，“诗圣”杜甫也在济宁兖州等地留下足迹和众多的诗篇，两人在兖州金口坝相遇，一别后终生未能再见。

东汉名士 一让成名

✎ 小明

在中国，有一个典故妇孺皆知，那就是——“孔融让梨”，说的是孔融四岁时候，与兄弟一起吃梨，但他一直拿最小的梨吃，父亲奇怪地询问他，他回答说：“我是小孩子，按理应该拿小的。”孔融的宗族对他感到惊奇。这个典故，被写进了大名鼎鼎的《三字经》。而孔融，正是山东曲阜人。

每每读至“融四岁，能让梨”，就听到父母叨念：“人家四岁都能让梨了，你都那么大了，怎么还那么不懂事？”所以，孔融是带着“别人家的孩子”的光环，来到我们身边的。孔融是孔子的十九世孙。他的七世祖孔霸是汉元帝的老师，官至侍中。父亲孔宙，曾任太山都尉。

孔融小时候，便已显示出超凡才能，孔融十岁时，跟随父亲到达京都洛阳。当时，名士李膺在洛阳任职，若非名士或亲友，谁都不肯见。年幼的孔融以亲戚的名义相见，李膺问：“你和我有什么亲戚关系呢？”孔融回答道：“从前我的祖先孔子和你家的祖先老子有师资之尊（孔子曾向老子请教过关于周礼的问题），因此，我和你也是世交呀！”在场宾客无不称奇。后来，太中大夫陈韪至李膺府，宾客告之，陈韪不以为然地说：“小时候聪明长大后就不一定聪明。”孔融立即反驳道：“那么您小时候一定很聪明吧。”陈韪无话可说。李膺大笑，说：“你这么

聪明将来肯定能成大器。”

孔融十三岁丧父，当时他悲痛过度，还得要人扶着才能站起来，人们知道此事后便称赞他的孝行。

孔融还有一个优点，用现在的话说就是“情商高”。相传，山阳张俭与孔融的哥哥孔褒是至交，他在担任督邮时，曾被人陷害，遭到朝廷缉拿，张俭事前听到风声，潜逃到孔褒家中，当时只有孔融一个人在家。张俭一看，就十六岁的孔融自己在家，二话没说，掉头就走，孔融一看就知道此人正是官府正在通缉的哥哥的好朋友张俭，便上前拦住他说道：“哥哥不在，难道我就不能代哥哥收留你吗？”于是，张俭便在孔融家住下了。

后来，孔融家收留罪犯的事情被官府知道了，孔融、孔融的哥哥还有孔融的母亲都争相认罪。一门争死，县令和府尹都不知道应该如何判决，只好申报朝廷。不久，诏令下达，判了孔褒有罪。孔融因此举而闻名，与平原陶丘洪、陈留边让齐名。

除去让梨，孔融还有很多故事，他的才华品行，确实是值得我们一生仰望的“别人家的孩子”。

Tips

孔融

孔融，字文举（153年—208年9月26日）。鲁国（今山东曲阜）人。东汉末年文学家，“建安七子”之一。

举世无双的少年宗師

芬芬

在金庸的武侠世界里，身怀秘技的绝世高手，往往也有着绝世高寿。在学术的天空中，几乎所有闪耀的星宿，也无不是其本人经历了长久的跋涉与磨砺，然后才于人生的壮年乃至暮年的某个时刻，炉启丹成，彪炳史册。但在中华五千年的学术史上，一个人却非常例外，他就是王弼。

虽然只是在这个世界上生活了二十三年，像是一颗流星划过历史的天空，但是王弼实在是算得上一个天才，王弼虽然生命短暂，但是却留下了光耀千秋的《老子注》《老子指略》《周易注》《周易略例》四部作品。

对王弼的了解，一开始只限于他祖父王凯是荆州牧刘表的女婿，从祖父则是“建安七子”之一——王粲。以及他年纪轻轻就取得与年长他二十余岁的何晏并驾齐驱的名气，成为正始年间的清谈座主，而且为何晏等同时代学人钦佩非常。

王弼是如何取得这些盛名的？他真的是一个天才么？深入史书研究，才对他愈来愈熟悉。历史记载，王弼成名之路有三点关键之处：王家世代博学，家风延续，浩浩涌流，连同王粲的巨大文学声名和地位，共同作用影响了王弼，此为一；承载着蔡邕毕生之学、之思、之想，“尽当与之”，给王粲的那汗牛充栋的藏书，一路辗转，几经人手，最后悉数进入了王弼的书房，此为二；荆州之学重视《易经》与《太玄》，王弼肯定从中汲取自己的思想营养，此为三。

《晋书·王衍传》载：“魏正始中，何晏、王弼等祖述《老》《庄》，立论以为：‘天地万物皆以无为本。无也者，开物成务，无往不存者也。阴阳恃以化生，万物恃以成形，贤者恃以成德，不肖恃以免身。故无之为用，无爵而贵矣。’”

王弼是魏晋玄学的代表性人物，其著作颇丰，开创了玄学的新气象，可以说王弼的出现尽扫先秦、两汉易学研究的腐迂的学风，王弼的本体论和认识论中所提出的新观点、新见解对之后中国思想史的发展起到了非常重大的影响。

死时，他年仅二十四岁，因染疠疾而亡。如昙花一现，却又绚烂无比，留下的，是身后世界对他的无尽回望。

Tips

王弼

王弼，山阳高平（今济宁金乡）人，三国著名玄学家，魏晋玄学理论的奠基人。

一部《桃花扇》缱绻数百年

从心

“眼见他起高楼，眼见他宴宾客，眼见他楼塌了！”这句话很多人都能随口说出来，但是关于它的出处却很少有人说上来。其实，它来自中国戏剧史上的丰碑——《桃花扇》。

一开始看到《桃花扇》名字，以为是个才子佳人的故事。细读下来才知道这并不是个香艳故事，它的作者——出身于山东曲阜诗礼之家的孔尚任，作为孔子第六十四代孙，写人、写情、写景，都是在烘托家国仇恨。孔尚任早年用心举业，大约在康熙六年（1667）左右考取秀才，1681年为国子监生。后被玄烨赏识入京为国子监博士。

康熙二十五年，孔尚任曾赴扬州参加疏浚长江海口工程，得以接触社会现实。为他创作《桃花扇》提供了丰富的资料。《桃花扇》传奇的创作，开始于作者尚未出仕之前，此后又在淮扬、昭阳（江苏兴化）等地继续撰写，大约历经十余年，三易其稿，终于在康熙三十八年（1699）六月完成。

作品中，李香君是明末秦淮大名妓，她在南明覆灭中是最具浪漫主义色彩的一个悲剧人物。从李香君身上，可以看到南明悲剧的一个缩影。李香君自幼跟人习得艺家诸艺，音律诗词、丝竹琵琶无一不精通。侯方域是河南人，因慕名江南的文化，便来到金陵求职。李香君遇到侯方域，才

子佳人一见倾情，侯方域倾慕李香君的才貌，但家境贫困，身无分文，李香君却劝慰道：“脱裙衫，穷不妨；布荆人，名自香。”从中可以看出李香君的人格气节。孔尚任的《桃花扇》，把那么多的南明学士文人放在了一个歌妓下面，却照出了他们灵魂的卑琐。

孔尚任是个学者，《桃花扇》是部历史小说。其中一干角色，皆有史可考；一部剧情，皆有本可依。看《西厢记》，注释多过正文，且大多是解释文藻；《桃花扇》这一本注释少且短，大多是解释典故和阐明史实。但《桃花扇》无疑更“文”，好比稼轩；《西厢记》更“俗”，好比耆卿。

《桃花扇》最后，历经三载，又逢着国破家亡，本以为侯李二人重逢后会是怎样一番缠绵悱恻，但结果竟是两人说了不到三句话就给一个老道士三言两语点化了，双双顿悟而出家，简直让人大跌眼镜。才子佳人，花前月下，风月荡漾，似花柔情……细读这本书，越读到后面越沉重。

所以《桃花扇》全文人物众多，但基

本上个个悲剧。这也许就是作者在那样的一个历史境遇下想表达的，乱世中，连最虚无的爱都是奢侈，包括爱情，包括丁点希望，都会遭到残杀。中国文学向来喜好“抒怀”“揭世”，而打着儿女情长的幌子，瞒天过海的，《桃花扇》首当其中。

从“眼见他起高楼，眼见他宴宾客，眼见他楼塌了！”这一句唱词中，将剧中南明朝的兴衰道尽，表明荒淫腐化和国家灭亡的必然联系，不仅在痛诉历史，也警示后人。直到今日，这句话读起来依然令人深思。

Tips

孔尚任

字聘之，又字季重，号东塘（《随园诗话》所载为东堂），别号岸堂，自称云亭山人。

他写的歌 你一定听过

徐涂

对于一个五音不甚全的人来说，从小到大会唱的歌有限，能把歌与创作者联系起来的，更是掰着指头都能数过来，祖籍山东济宁的乔羽却是第一个能对得起来的人。不为了别的，就因为那首自己唱起来怎么也不会跑调的《让我们荡起双桨》。

“让我们荡起双桨，小船儿推开波浪，海面倒映着美丽的白塔，四周环绕着绿树红墙……”在笔者的脑海里，这不但是一首歌，还是一幅美丽的画，一处美丽的春游场面，它曾带给笔者无限的对于美的想象。甚至当年学习累了的时候，一旦哼起这首歌，瞬间也会忘了那些烦恼和压力，仿佛置身在美丽的春游公园里。而今，当了妈也常把这首歌曲当作摇篮曲，唱给自己的女儿听。

除了这首歌，《小船儿轻轻》《我的祖国》《祖国颂》《牡丹之歌》《难忘今宵》《思念》《说聊斋》……这些歌也同样伴随了多少人的童年，而他们都有同一个作词者——七届连任中国音乐文学学会会长、曾长期担任中国歌剧舞剧院院长的词坛泰斗乔羽先生。

在海外的游子这样说：“我们是唱着乔老爷的‘一条大河’略解乡愁的”；著名歌唱家郭兰英这样说：“我是唱着乔老爷的《我的祖国》《人说山西好风光》红遍神州的”；著名演员黄婉秋这样说：“我是演着乔老爷的歌剧《刘三姐》一片成名的”；著名歌星毛阿敏这样说：“我是唱着乔老爷的《难忘今宵》《思念》而走红的”；蒋大为感谢他的《牡丹之歌》，彭丽媛感谢他的《说聊斋》，宋祖英感谢他的《爱我中华》……很多人都在说：“我们是唱着他的《让我们荡起双桨》长大的。”

乔羽幼时受其父熏陶，4岁时已能识字三千，《百家姓》《千字文》《三字经》读来不觉费劲，很早便懂得了格律诗、乐府和古今民歌，这些为他的歌词写作夯实了基础。乔羽青年时立志写作，小有名

秀羽艺术馆
秀羽艺术馆
QIAO YU ART MUSEUM

气。几十年的人生经历给了他最大的学问，他常说，写作时的许多感受都来自于生活。

他将自己的才华用于写歌，但是在他眼里，写歌词并不是高贵神圣的创作。乔羽经常说：“我一向不把歌词看作是锦衣美事，高堂华屋。它是寻常人家一日不可或缺的家常饭，粗布衣，或者是虽不宽敞却也温馨的小小院落。”在他心中，带着淳朴的生活气息和泥土芬芳的才是最好的作品。

20世纪60年代，因为一部喜剧电影《乔老爷上轿》的上映，中国出现过成百上千位“乔老爷”，而乔羽是其中叫得最响、最亮、最长久的那位。这个“雅号”，连周恩来总理都认可，他曾当众亲切地称乔羽为“乔老爷”。

晚年时，大家尊敬地称乔羽为“词坛泰斗”“词坛不老松”等，但是乔老对此付之一笑，当学生称他为“音乐文学界的泰斗”时，乔先生认真地说：“我反对泰斗的说法。泰斗是那些永远明亮的，指引方向的，而我只是一个歌词作者罢了。”乔老如此虚怀若谷，他的歌怎么能不让人拍手叫绝？怎么能不让人满斟高端一饮而尽？

Tips

乔羽

1927年11月16日出生于山东济宁，词作家、剧作家，作品家喻户晓，为几代人所传唱。

被李白称赞的白衣尚書

美辟

1200 多年前，唐代大诗人李白在古任城县县衙大厅的墙壁上，激情挥毫写下《任城县厅壁记》，赞扬济宁："白衣尚书之旧里，土俗古远，风流清高，贤良间生……"那么，在甚少夸人的李白看来，这贤良之士究竟所指何人？为何得到如此之高的赞美之辞？

被称赞的正是东汉名士——"白衣尚书"郑均。关于郑均的史载其实并不是很多，据《后汉书》记载："郑均字仲虞，东平任城人也。少好黄老书。"但根据相传的故事，他有

以下几点优点：一是廉洁。二是顾念手足之情。郑钧哥哥去世后，没有留下多少遗产，郑钧又承担起抚养家境贫寒的寡嫂及其孤儿的责任。对照顾寡嫂及其侄儿可谓尽心竭力，倾尽家财抚养。

在教育家人守廉奉公方面，郑均是一个令人感动的正面典型。因着廉和孝，以“举孝廉”为己任的地方官员都很敬重他。但他做官的事件过程颇具戏剧情节。据说，州、郡官府招聘他出来做官，他却称病在家，不肯应召。东平郡守一定让他出山，派任城县令突然到他家里，好说硬逼，郑均最终也没有屈从。为了摆脱纠缠，郑均偷偷逃到濮阳躲起来。公元 78 年，司徒鲍昱召他到朝廷做官，他不得不应召，司徒在东汉相当丞相的高位。但由于“直言”，郑钧和司徒的关系并不和谐。

三年后，公车（朝廷官署名）又特地征召他，升迁为尚书。皇帝面前，他的直道如矢、敢言直谏的脾气依然未改，好在皇帝不像司徒，肃宗刘炟喜欢郑钧的率直性格，对他十分敬重，多次采纳他的逆耳忠言。后来，郑均由于年老有病，主动请辞尚书职位，皇帝又授他议郎一职。他称病重，决然脱下官服，挂冠而去，回归任城故里。皇帝赐以衣冠相送。

郑均退休第二年，肃宗皇帝东巡经任城，亲临郑均宅第看望。郑均成了白衣平民，皇帝仍赐其终身享受尚书俸禄，故时

人号称白衣尚书。在中国历代上，皇帝不顾舟车劳顿，千里迢迢至其家进行赏赐，似乎只此一例。

这是郑均的殊荣，也是济宁历史的一份荣耀。如今，近两千年过去了，在山东省济宁市任城区曾经建起的郑均庙宇和祠堂早已荡然无存，仅剩一条被叫作“白衣堂”的小街，那段载于青史

的佳话也已淡出了人们的记忆。幸运的是，当地已经逐渐意识到他的价值，已经开始从现实意义、时代意义等方面进行进一步发掘和论证，也考虑运用戏曲等喜闻乐见的艺术形式，让普通百姓认识这位历史文化名人。风景秀丽的太白湖又多了一张文化名片，期待这里的土俗仍旧间生贤良，风流之士依然清高。

第四章

东方圣地
跟着圣人去游学

庭院深深深几许，
孔府的院子承载了几世的文思，
在『三孔』闲庭信步，
在『四孟』流连忘返，不经意间，
一日已穿越两千年。

到曲阜 拜孔子

孔祥震

曲阜，是孔子的故乡。孔子，是中国的圣人。因为，孔子创立了儒家学说；儒家学说，是中国精神的主体。这里，就是中国人的精神家园。

到曲阜，首先要到孔庙去拜孔子。

孔子创立“重仁尚礼”的儒家学说，把中国文化推向一个高峰。孔子去世后，儒家学说被历代学者逐步发展、改造，奉为中国封建社会的正统思想，从西汉至清末的两千年间，在中国一直居于正统地位。孔子一生“弟子三千，贤者七十有二”。汉平帝始封孔子为“褒成宣尼公”，到元时封为“大成至圣文宣

王”，清初被推崇为“万世师表”。

孔庙又称“阙里至圣庙”，建于公元前478年，孔子去世后，鲁哀公以孔宅为庙，“藏孔子衣冠琴车书”以示纪念。公元前195年，汉高祖“以太牢祀孔子”；东汉永寿二年(156年)，汉桓帝以官钱修饰孔庙，改变家庙性质，成为官设庙堂。因为孔子圣人的地位，历代帝王不断给他加封谥号，不断扩大孔庙的规模。

现存孔庙占地327亩，有九进院落，共有五殿、一祠、一阁、一坛、两堂、十七碑亭、五十三门坊，分别建于金、元、明、清及民国时期。孔庙建筑既仿帝王宫殿之制，又有着特殊的思想文化内涵：大成殿，祀奉孔子及其思想学说主要传人四配（颜子、曾子、子思和孟子）、十二哲；两庑，则供奉孔子弟子及历代受儒家推崇和对儒学发展做出过贡献的先贤、先儒；庙中门、坊、殿、堂的题名及匾额，所用辞语或出自儒家典籍，或是对孔子及儒家思想学说的赞辞。

漫步于孔庙的砖径，沉浸于仁德的心境，仰望富丽堂皇的殿宇，遍览郁松翠柏的幽邃，倾听丝竹弦歌的节奏……你已经到达中国文化的圣殿，来到了“至圣”孔子的身边。

Tips

三孔

曲阜的孔府、孔庙、孔林，统称曲阜“三孔”，是中国历代纪念孔子、推崇儒学的表征，以丰厚的文化积淀、悠久的历史、宏大的文物珍藏，以及极高科学艺术价值而著称。

除了拜人，你还可以观树。孔庙中有棵树，不可不看，那就是“先师手植桧”，传说这棵古树就是孔子当年亲手所栽，孔子去世距今近2500年，现存真正与孔子本人直接有关的历史遗迹，大概只有孔庙里的孔宅故井和这棵古树了。孔庙还有著名的“龙柏”和“凤柏”。

与一般意义的旅行不同，到曲阜，不仅是一次身体的释放和感官的放松，更是一次思绪的整饬和心灵的净化，你的思想境界会得到进一步提高。两千多年来，许多的中国帝王将相和著名文化人都曾经到这里瞻仰圣迹，向圣人孔子顶礼膜拜，做一次灵魂之旅。

汉高祖刘邦开帝王亲祀孔子先河，此后，汉明帝刘庄、唐高宗李治、宋真宗赵恒、清圣祖玄烨、清高宗弘历等10余位皇帝先后到曲阜祭孔达19次，遣臣代为祭祀196次。而来祭孔的达官贵人、文人学士更不可胜数。司马迁、曹植、郦道元、李白、杜甫、高适、张九龄、苏轼、司马光、党怀英、李东阳、顾炎武、纪昀、康有为等，留下诗词歌赋等丰富的文化遗存。

看完孔庙，你还要看看孔子嫡裔的府邸——孔府，历代孔子嫡裔遵循祖训，克己复礼，诗礼传家，在朝廷和民间都有着极高的地位和威望。由于历代帝王对孔子的尊崇，孔子嫡裔享受的特权待遇也越来越高，这些能从孔府的形制和现存摆设看

孔林

出来，你一定要耐心地品味。

拜孔子的第二个环节，就是拜访孔子墓。

孔子去世后，其弟子把他葬于鲁城北泗水岸边，后代接踵而葬，于是形成孔林，孔林位于曲阜明故城北3里处，是世界上延续时间最长的家族墓地。孔子墓位于孔林的中心。

孔子去世后，弟子们相继赶到阙里为老师办理丧事，并相约为老师守墓三年。当时，子贡在南方经商，并没有赶上老师的丧事，他非常自责。于是，在与师兄弟一起为老师守墓三年后，又庐墓（在墓旁搭盖小屋）居住三年。这段故事已历两千余年，其师徒之情，至今仍让人感沛于心。现孔子墓西侧，有房屋三间，据说就是子贡为孔子庐墓之处。

孔林是一片宁静的林地，沿着蜿蜒的小路步行，你可看到各种各样的树木与奇异的花草，这与曲阜当地的植被迥然不同，因为这些花草树木是当年孔子弟子祭祀老师时从各地移栽而来，或是各地孔子后裔移栽而来的。

孔林中最有价值的当属历代的墓碑，上面有着历代著名书法家的手迹；还有孔氏家族历代名人的墓碑，以及不同时期的石像，记载着十分宝贵的历史信息。可以说，孔林，本身就是一个巨大的文化宝库。

游完三孔游四孟 一日穿越两千年

马文文

初次来到孟府，还以为一不小心走进了苏式园林。整个院落里里外外都洋溢着古色古香的气质，恰逢春日，院内春花烂漫，各色花儿竞相开放，更让这个有着两千多年历史文化底蕴的地方平添了几丝生机。

孟府、孟庙、孟子林、孟母林被合称为“四孟”，或许不少人都和我一样是从“三孔”参观结束后来到这里的，出租车司机告诉我：“到了曲阜，就是为了看三孔，去邹城，同样是奔四孟了。如果看了三孔再看一看四孟，济宁之行才算得上完美。”

一路过来，发现交通十分便利，孟庙孟府与孔庙孔府不仅相去仅十几公里，并且几乎都在一条中轴线上，从曲阜明故城南门出发，沿着大成路一直往南走，当中拐个小弯就到了。

首先来到孟府，这里是孟子嫡系后裔居住的宅第。孟府是国内规模宏大、保存较为完整、较为典型的官衙与内宅合一的古建筑群和封建地主庄园之一。孟府内亭台楼阁、花鸟树木都显得格外精致优雅。听这里的人说，春天来孟府一定要看一眼流苏花，因为每年四月中旬，孟府后院的流苏都会悄然开放，由于花期不长，所以景色十分难得。

在孟府院落，盛开的流苏满树凝香，点缀着这座千年府邸。仔细观赏这流苏花瓣，丝丝缕缕，洁白缥缈，孤独地开在檐牙高琢的画堂。“赠君青流苏，一见且如晤”。流苏花形细碎纤巧、平白贞长，穿越喜忧的雨尘，于风中摇曳出“难舍还舍,将离不离”的情愫，古人将它仿缀在扇柄或冠冕上，将联翩的长情安放在触手可及的思慕里。

从孟府出来，拐个弯便到了孟庙。孟庙正南门为“棂星门”。门内左右各一坊，左名“继往圣”，右名“开来学”。第一进院落的北壁正中为“亚圣庙石坊”。第二进院落的砖铺甬道两侧尽是古老的苍松翠柏，往北为“泰山气象门”。进入此门后，即为第三进院落。此院左右各有门通往庙外，左名“知言门”，右名“养气门”，是过去出入孟庙的主要通道。

孟庙内，两株元代所植的参天银杏，古老的紫藤萝缠绕着银杏树，凌空而上，蜿蜒曲折，美妙奇绝。错落有致的院落，起伏整洁，各具花样。孟庙内还还保存着秦、汉、晋、唐、宋、金、元、明各代碑刻270余块。这些碑刻书

体精致，楷、草、隶、篆各体具备。此中西汉天凤三年《莱子候刻石》、东汉《石墙村刻石》、西晋永康二年《刘宝墓志铭》、元代仿刻秦李斯小篆《峄山刻石》等，都是世所罕见的珍品。庙内还寄存着100多块汉墓绘像石、汉代石人、石兽战，元代的盘龙浮雕石柱等，这些文物带给人们美的享受，为古老的孟庙增添了荣耀。

走出孟庙，来到孟林。然而通往孟林的一路感觉极为肃穆，因而建筑和氛围反而倒显得比较古朴。孟林远不如孔林热闹，但也有不短的神道，不少古树，走在少有人来的山林中，正是王荆公诗句中的寂寥——“沉魄浮魂不可招，遗编一读想风标。何妨举世嫌迂阔，故有斯人慰寂寥。”孟母林是孟子父母的合葬墓之所在。或许是由于“孟母三迁”的故事影响，孟母林中的柏树根部都很奇特，似乎全是腾空离地的，像是纪念着这位停不下脚步的伟大母亲，颇有意思。孟子的诞辰是四月初二，为纪念孟子的诞辰，每年四月初二至初五在孟林前举行盛大的古会，一年一度，延续至今。

大家在游完三孔之后，不妨到四孟一观。这里虽没有三孔的气派雄伟，却另有一份清净优雅，真是别有一番滋味在心头。

Tips

四孟

广义上指孟庙、孟府、孟子林、孟母林，但由于行政区划的原因，孟母林被划在了曲阜市。因此与孟庙、孟府、孟子林同在邹城市的“孟母三迁祠”也被合称为“四孟”。

孔门七十二贤，最得意的竟是他

文心

曲阜是儒家学派创始人孔子的故乡，几千年来，这块古老的圣土上产生了许多杰出的人物。历史上，颜氏家族因在2535年前诞生了一位孔子得意弟子——颜回而闻名显赫于世。颜回尊称颜子，字子渊，春秋末期鲁国人。十四岁拜孔子为师，终生师事之，是孔子最得意的门生。孔子对颜回称赞最多，赞其好学、仁人。

颜庙、颜府、颜林成为“三颜”古迹建筑群，是历代尊颜崇儒的历史见证，也是历代文人墨客和颜氏后裔凭吊颜子、缅怀先圣的神圣殿堂，其一草一木、一砖一瓦都储存着丰富的历史信息，叙说着颜子独特的人格魅力和文化贡献。

据《陋巷志》记载，汉高祖刘邦东巡过鲁，祭孔子，同时以少牢祭祀颜子祠，当时的颜子祠(即颜子故宅)，规模很小。颜庙又称复圣庙，位于山东省曲阜城北门内陋巷街北首，与孔府后花园隔街遥对，是祭祀颜回的祠庙。元初重建，经十年落成。1317年迁其至陋巷故址。1594年修建，奠定现存规模。

颜庙内共有碑碣60余块。其中有两块是元朝所立的“大元敕赐先师兖国复圣公新庙碑”和“大元加封颜子父母制词碑”。两碑均用古蒙古文与汉文对照刻成，上面记述了当时加封颜回及其父母的情形，这对于研究古文字学有一定的价值。

颜子庙原为颜子故居旧址，有陋巷井、宋代始建的乐亭等。颜庙分五进院落，殿、堂、亭、库、门坊等有159间。庙内主要有复圣门、归仁门、仰圣门、陋巷井、乐亭、复圣殿以及碑亭等建筑，均始建于元代。

颜庙内的苍松翠柏葱郁深远，陋巷井旁边的石碑和凉亭的四根柱子被重新粉刷了红漆，中路的甬道重新铺设了灰砖，“陋巷井”三个字在苍松翠柏间显得格外醒目。

在民国初期以前的颜府，实际上相当于现在的一处行政机构。

颜翰博府简称颜府，复建后的颜翰博府前后五进院落,项目恢复建筑面积3600平方米，主要建筑84间，配套仿古家具50余台套。府内设立了颜子研究院、颜子博物馆、新六艺体验馆和国学教育培训基地,复原了颜翰博府布局陈列,全面展示颜翰博府历史文化。颜府大门与颜庙东部博文门相齐，过去悬挂有蓝地金字“翰林院”匾牌。

颜府大门阔三间，其前有影壁墙，大门之后是面阔三间的二门。两门之间为第一进院，院西靠颜庙东墙有前后两处小院，由前堂屋和后堂屋组成。

颜林是颜氏家族的墓林，也是曲阜“三颜”(颜府、颜庙、颜林)古迹的重要组成部分之一。

颜林，位于山东曲阜东防山乡程庄村北约1公里，距颜庙以西200米，防山山脉的南麓，是复圣颜子及其家族的墓地。南北长约470米，东西宽约207米，面积为9.7万余平方米，林前有神道，大门3间。

继颜回之后，颜氏后裔接冢而葬，逐渐形成了面积广大的家族墓地。现墓区内还有墓冢1000余座，颜子墓处于中心。墓前石碑为1986年修墓时复制，篆刻“兖国复圣公墓”。此墓以北为颜子父墓，封土高1.5米，围25米。颜林虽不是皇家林园，但它的历史悠久，极具历史文化研究价值，堪称家族林中的典范之一。

颜林启用于南宋末年，林内珍稀树木遮天蔽日，现有国内少存的宋元时期“颜氏之林”石坊一座，颜林安建有颜回墓、颜回的父母墓，还有数百年来颜氏家族的千余座墓。

颜回

曾子至孝传千年 乾隆皇帝也点赞

右子

Tips

曾庙

又称曾子庙、宗圣庙，是历代祭祀孔子著名高足曾参的专庙。曾庙始建于周考王十五年（前426年），原名“忠孝祠”。明正统九年（1444年）重建后改称“宗圣庙”。

说起曾子，不少人便会想到语文课本里被熟记于心的那句，曾子曰：“吾日三省吾身：为人谋而不忠乎?与朋友交而不信乎?传不习乎?”

曾子，六岁时拜孔子为师，颇得孔子真传，被后世尊奉为“宗圣”，是配享孔庙的四配之一。曾子以孝为本的孝道观影响中国两千多年。相传，曾子母亲年老时因眼疾时常感觉不适，视力模糊，曾子为人至孝，经孔子指点，于寒露上候(寒露节的前五天)单日单时，采阳面菊花若干，晾干后，用山泉水冲泡，外服内用，不久其母眼疾治愈。此后，嘉菊被广泛运用于治疗眼疾，并成为孝敬父母的代表，每逢嘉菊盛开之时，当地人都要采药菊若干奉献给双亲饮茶或作枕用，表达自己对父母养育之恩的感谢。

曾子至孝的故事后被世人广为流传。为了祭奠曾子,人们便在曾子的故乡建了这座曾子庙，明朝嘉靖十三年，曾子59代孙曾质粹奉诏由吉安返回嘉祥奉祀曾子祠墓。

来到曾子庙，首先看到的便是一处极具古代官式建筑群体，颇有点明代建筑风格。曾庙坐北朝南，四周围以红墙，平面呈长方形，庙内碑碣林立，古柏参天，更显肃穆壮观。曾庙大门外建有三座高大的石坊，均为四柱三楹石质建筑。在曾子庙宗圣殿殿门上方的匾额上,清朝雍正皇帝御笔书写“道传一贯”四个大字,在学者们看来，这是对曾参儒学传承于孔子的“高度评价”。

如今，在嘉祥曾子庙里还有一处“涌泉井”。相传曾参父母死后，曾参痛哭不止，别人劝也无用。由于天天哭，泪水流到地上，竟然出现一口井，如涌泉一样，后世称作“涌泉井”。

礼在孔子那里是一种社会伦理规范,“克己复礼”是孔子实现“天下归仁”的道德修养方法，而将礼与仁贯通联系起来的，则是孔子格外重视的“孝”。在孔子的教化思想中,“孝”是施行教化、臻至德治的逻辑起点。天性至孝的曾子，逾冠之年随侍孔子，每次面见孔子必问安亲之道，其孝心至诚，常为孔子所褒扬，曾子至孝也被后人传颂千年。

游读曲阜
从“万仞宫墙”说起

任利伟

清乾隆十三年（1748年），弘历亲谒曲阜孔庙祭孔，为显示对孔子的尊崇，挥毫泼墨，题书“万仞宫墙”，镶于曲阜明故城南门，几百年来让往来于曲阜的宾朋、游客，无不未进其城先感其金声玉振，木铎万里。

城，在古代是指城邑四周的墙垣，用作防御，来保护一城人或一国人的安全。曲阜明故城却是一座为一人而修建的城池。

明故城是继曲阜历史上有明确记载的周鲁故城、汉故城、宋仙源县城之后的第四座故城，也是第一座砖砌城墙。明嘉靖元年（1522年）前，孔庙、孔府处在宋仙源县城西十余里孤旷的乡野之内，没有什么保护。明正德六年（1511年），河北刘六、刘七领导农民起义，起义军次年住进了孔府，不仅将马匹牵入内庭，还毁坏了孔府藏书，统治者非常惊恐，于是下令建新城以护卫孔庙。新城于正德八年开始动工，历经十年竣工。

这座城虽为战事而起，实为文化而生。新城时有五门，各城门名文化气息浓郁，东门名“秉礼门”，东南门名“崇信门”，正南门名“仰圣门”，西门名“宗鲁门”，北门名“延恩门”，各门都筑有深阔的瓮城，城门上建有歇山重檐式的城楼。其“仰圣门”正对孔庙大门，建有高大的城门楼，外圆内方，十分威严、壮观，与孔庙浑然一体，备受历代文人眷顾。

明代学者胡缵宗对孔子非常崇拜和敬仰，更“仰圣门”为“万仞宫墙”，其意出自《论语·子张》：“叔孙武叔语大夫于朝曰：‘子贡贤于仲尼。’子服景伯以告子贡。子贡曰：‘譬之宫墙，赐之墙也及肩，窥见室家之好。夫子之墙数仞，不得其门而入，不见宗庙之美，百官之富。得其门者或寡矣！夫子之云，不亦宜乎！’”是讲鲁大夫叔孙武叔曾经对大夫们说：“子贡的学问很深，比孔子还要强些。”子贡听说后说：“人的学问好比宫墙，我的这道墙不足肩头高，别人很容易看到里面有多少东西，我老师这道墙有好几仞高（仞：丈量单位，一仞约等于八尺），别人是看不到里面的东西的，只有找到门，走进去，才能看到这墙内雄伟的建筑，可能够找到门的人太少了！”

胡缵宗认为数仞宫墙仍不能表达他对孔子的赞扬，于是将其改为“万仞宫墙”。

现在人们所看到的“万仞宫墙”四个字是乾隆老爷子的御笔。

近代学者薛刚游学山东，寻“孔子登东山而小鲁，登泰山而

小天下”之迹，访峄山（即东山），攀岱岳，两拜孔庙，瞻乾隆所题“万仞宫墙”，深感传统文化博大精深，底蕴深厚，为抒发对孔子崇敬之情，创作《万仞宫墙赋》：“大成是集，文道在兹。忠信为墙，德道为基。志崇万仞，拯世途迷。巍且美矣，宗庙孔思……”

如今，“万仞宫墙”历尽沧桑，已不仅是一块高高悬挂的匾额，或坚固的翁城，它是一个文化的符号，是释放传承密码的窗口。2018年央视春晚在这里设置分会场，向全世界60多亿人展示中华民族优秀传统文化，彰显民族自信、文化自信的精神面貌，展现出儒家文化的浑厚古朴，展现出济宁人民“有朋自远方来，不亦乐乎”的豪爽情怀。

山不在高 有仙则名

江左

尼山孔庙境内山清水秀，乡土民情气息浓厚，亦有“一山（尼山）、一水（尼山水库）、一圣人”之称，中国古代思想家、政治家、教育家孔子就诞生在这里。因此，尼山闻名中外，被世人称为圣地。

提起尼山，大家印象最深的可能是尼山圣境中世界最高的孔子像。72米高的孔子像伫立尼山，远眺东方，在中华文化乃至世界文明景观的制高点，绽放出绚丽的光华。尼山孔庙、尼山书院由孔子的裔孙修葺，比起历代封建王朝祭祀孔子修建的孔庙，它更具家居民风的淳朴，姿态“低调”，

Tips

尼山

尼山原名尼丘山，因孔子名丘，为避圣讳，故名尼山。其山并不高大，海拔约340米，风景秀丽。“山不在高，有仙则名。水不在深，有龙则灵”。因中国伟大的思想家、政治家、教育家孔子出生于此，所以尼山名扬海内外。

夫子洞笼罩着神秘色彩，与尼山书院的文化背景形成了尼山景区独特的文化内涵。这里有许多关于孔子诞生的美丽传说，至今广为流传。

夫子洞是孔子诞生之地，相传孔子的父亲母亲叔梁纥、颜征在婚后，经常到尼山上烧香祈祷，保佑能生个健康的男孩。一日，忽见天降麒麟，并吐血于石上。颜征在因坐于石上而受孕，临盆时，一阵悠扬的鼓乐之声，从天际传来，随之，一只玉麒麟口衔玉帛吐到孔母面前，上面写道：“奎星下凡，振兴于周。”玉麒麟腾云驾雾而去之时，孔子诞生了。当孔子父母仔细打量新生婴儿时，不由地倒吸一口冷气，只见这孩子长得有些反常：头顶如反盂，中间低而四周高；且眼露筋，鼻露孔，耳露轮，嘴露齿，叔梁纥十分恼怒，便把孩子扔在了尼山下。

此时正是九月，天气格外炎热。孩子躺在野地里，一只老鹰飞来，呼扇着双翅不停地给孩子打扇遮阳。傍晚，一只斑斓母虎从山上下来，把孩子衔进山洞里，用虎乳喂养。那山洞就是现在的尼山夫子洞，又叫坤灵洞。过了不久的一天晚上，有麒麟降临到孔府阙里，并吐玉书，上有“水精之子孙，衰周而素王，征在贤明”的字样。意思是告诉孔子家人，孔子非凡人乃自然造化之子孙，虽未居帝王之位，却有帝王之德，堪称“素王”。叔梁纥大惊，此乃天意不可违，急忙跑到夫子洞，把孔子抱回家，呵护备至。这就是民间广为流传的孔子是“麒麟送子”“龙生虎养鹰打扇”的来历，后来演变成了“麒麟送子”的民间传说。

尼山风景优美，文化底蕴深厚，这里文物众多，不仅有尼山书院中和壑，洗砚涮笔的智源溪，虎啸孔子坤灵洞，颜母洗手的扳倒井，还有孔子观赏山河的观川亭、白云峰和山东省级文物保护单位——尼山建筑群。

现在尼山俨然成为人们修学、旅游、度假的好去处。来到尼山，人们可以去夫子洞前朝圣、金银花园里拍照、孔子湖边垂钓、绿水岸边野炊。辖区内万亩水库清澈见底，养殖的鱼虾肥壮肉嫩，让游人尽情享受美好的假日时光。走时，您还可为亲友带份上好的尼山砚，一方砚石，质地细腻，发墨如锉，舔笔如油，拭不损毫，以之送人寓意美好。

如果给中华文化寻找一片故土，尼山便是历代文人墨客魂牵梦萦的地方；如果给儒家思想标记一处圣地，这座山丘便象征着千古教化的传承。

夫子洞

谁是
孔子心目中的圣人？

张敏敏

孔子被后人尊为“圣人”，推崇千百年。其实，这位“圣人”也是个“小迷弟”，在他心目中也有一位圣人，他把这位圣人当做自己一生的榜样。

谁能做“圣人”孔子的榜样？

这个人就是周公！

周公的名字，对于很多人来说并不陌生。“周公解梦”“梦见周公”“周公之礼”“周公吐哺，天下归心”……这些人们常挂在嘴边的话里，经常能有“周公”的身影，但是周公到底是谁？他为什么能成为孔子心中的圣人？很多人并不清楚。

周公其实不姓周，姓姬名旦，是周文王姬昌第四子，周武王姬发的弟弟。因其采邑在周，爵为上公，故称周公。

周公是西周著名的政治家，在政治、军事、法律方面都有成就。其父周文王离世后，周公一心辅佐弟弟周武王伐纣，经过多年战争，最终灭掉商朝，建立西周。虽然为西周的建立做出了杰出的贡献，但是他不与武王争王位，一心一意为西周效力。在他执政期间，大力发展礼乐文化，为我国礼乐文明奠定了基础。《尚书·大传》将周公的功绩概括为：“一年救乱，二年克殷，三年践奄，四年建侯卫，五年营成周，六年制礼乐，七年致政成王。”

周公倡导“礼刑结合”的治国模式，说得通俗点就是，依法治国与以德治国相结合。在周公看来，如果人民都养成了良好的道德风尚，就会自律，就会减少犯罪，而培养人们良好的道德风尚，就要通过各种礼仪来教化人民。因此周公在晚年，制定了很多礼仪制度，这些风俗习惯保留至今。我们目前很多婚丧嫁娶的风俗，都是周公创制的。是周公让中国早在三千年前，就成了礼仪之邦。

这样一个功绩卓著、有后台背景的男人，却不骄傲。他曾跟要去鲁国当国君的儿子伯禽说：“我是文王的儿子，武王的哥哥，当今天子的叔叔，我的地位已经很高了。即便如此，我还是很小心谨慎，生怕失去贤能之人。我洗头发的时候，如有贤士来到就把头发握干去见他，洗一次头，往往要握干好几次；吃饭的时候，因为贤士来见，就把来不及咽下的饭菜吐出来去见他们，一顿饭往往要分成好几次吃。你到了鲁国，不过是个小诸侯，可不能骄傲啊！”这就是“周公吐哺”的来历。

那么周公跟孔子有什么关系？这个答案在孔子的梦里。

孔子一生都在收集整理并传播西周以来的文化，并致力于恢复西周的礼乐文化和礼乐制度，而这些文化、制度的总策划师就是周公。因此，孔子非常崇拜周公，将周公看做圣人。“日有所思，夜有所梦”，这使得

Tips

周公庙

位于曲阜城东北，全称文宪王庙，亦称元圣庙，是祭祀周公的庙宇。因封建帝王曾封周公为“元圣”，故又得名为元圣庙。曲阜周公庙是全国三大周公庙之一。

孔子经常梦到周公，他还对弟子们说，最开心的就是梦见周公。

圣人的梦跟凡人的梦，自然是不同的。在孔子的梦里，他经常向周公请教，了解与“礼”相关的知识，并以此为基础创立了儒家学说。因此，孔子说，周公是儒家精神的典范。

有人说，中国文化几千来年没有走出孔子和老子的思想范畴，而老子和孔子的思想则不过是对周公思想的不同解读。孔子一生所做的事情，无非是倡导周公的政治理想和周礼文化；老子的《道德经》，不过是对周公整理编写的《周易》的读后感。

著名史学家夏曾佑曾评价周公：“孔子之前，黄帝之后，于中国有大关系者，周公一人而已。”黄帝实现了天下归一，带领中国人进入文明社会，是“人文初祖”。周公开创了中国文化，将中国文明推向了极高境界，是“先圣”“至圣”。

3000年前的鲁国都城今安在?

张章

阜，在古代指不属于山陵的土山。在3000多年前的鲁国城中有阜，弯弯曲曲长七八里，故名曲阜。这就是如今“曲阜”这座城市名字的由来。

在曲阜东北一公里左右有一座周公庙，是祭祀周公的庙宇。在周公庙前，立有“曲阜鲁国故城”和“周公庙”两块全国重点文物保护单位的石碑。

有说法认为，在曲阜弯弯曲曲、高低不平的土山上，最高的地方就是周公庙的所在地，这是为何？曲阜、鲁国故城和周公庙有何渊源？

殷商时代，曲阜名奄，商代第十八任商王南庚迁都于此，至二十代王盘庚才迁都到殷，以后奄仍为商王朝在东方的重要属国。前1046年，武王灭商，建立周王朝，奄国被周征服。

建立周王朝之后，周武王按周朝宗法制度，大封功臣谋士，周公被分封于鲁，称为“鲁公”，但因其采邑在周，也被称为“周公”。

武王去世前将年幼的周朝第二代国君周成王托付于周公，因周公要留京辅佐成王，故周公长子伯禽到鲁地就封，成为鲁国第一代国君。

伯禽就封后，在鲁地设立太庙，祭祀远祖。周成王特许鲁太庙以天子礼乐祭祀。周公死后，被纳入此庙，一并祭祀。

因周公在兴周灭商、辅佐成王和创立周代礼乐制度方面功勋卓著，受到周王朝的极大尊崇，因此周公及其后裔的封国鲁国在周代诸侯国中也就具有了特殊的地位，等级待遇高于其他诸侯国，仅次于周王室。正是因为这个缘故，在诸侯国都城中，鲁国都城的等级和形态也最接近周王朝都城，并为其他诸侯国效法。

自伯禽就任第一任国君到鲁顷公亡国，鲁国共经过三十四代，历时近八百年。斗转星移，朝代更迭。3000多年来，曲阜这座城市的发展，除宋代改仙源县移

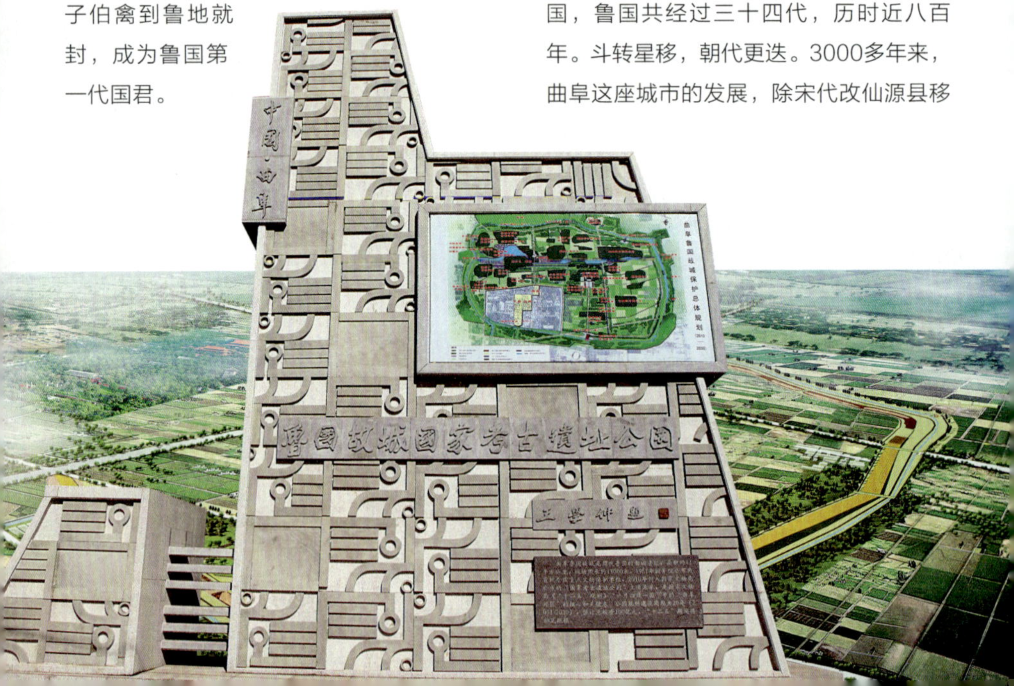

至鲁国故城东郊之外，始终都在鲁国故城内。鲁国故城提供了一个从西周初到战国乃至当代一直在不断发展的城市范例。

1977年-1978年山东省博物馆对故城遗址又进行全面勘查和发掘，揭示了鲁国故城的概貌。

鲁国故城周长11.9公里，城垣东西长3.7公里，南北宽2.7公里，城的四周围有城壕；东、西、北三面各辟城门3座，南面辟城门2座，门道宽7—15米。这组数据也许能让我们对3000多年前的鲁国故城有所了解，如今的曲阜市位于鲁国故城的西南角，面积仅占故城面积的七分之一。

曲阜在鲁国故城的内城中，内城约占城的四分之一。内城的中心有一片高地，也就是“阜”，是宫殿区和太庙的所在地，宋代在高地建立的周公庙，保存至今。

3000多年前的鲁国故城已经一点点呈现出来，值得庆幸的是，这座故城尽管经历了长久的岁月，却没有受到大的破坏，历史的痕迹和脉络基本可寻。它将历史的画卷慢慢摊开，让很多疑问有了答案，却也带来更多疑问等待人们去解答。

如今，饱经沧桑的鲁国故城，化做鲁国故城考古遗址公园重新获得了应有的尊严，这座公园把散布在各处的重要文化遗址有机地串联起来，形成了集教育、科研、游览、休闲于一体的文化场所，进一步彰显曲阜历史文化名城的独有特色,也必将在山东乃至全国文化遗产保护中写下浓墨重彩的一笔。

Tips

鲁国故城

鲁国故城国家考古遗址公园项目建设规划周期为20年（2011—2030）。在故城保护总规划和公园规划、建设中，把体现鲁国故城遗址价值的核心部分、区域及相关因素都全部包含在公园之内。确定的保护范围为：以泗河曲阜段河道为最北侧，西沿礼宾路及西宾路，南至小沂河，东至京福高速公路，规模总计4218万平方米。遗址公园本身的范围（包括曲阜鲁国故城城址、舞雩台遗址及南张羊制陶遗址等），规模总计1104.12万平方米。

嶗山
壽

齐鲁名山归岱峄

梅郎

峄山的神话与传说，是峄山文化的重要组成部分。相传这座突兀而立的峄山，女娲补天时拣的石头太多，留下乱石滚滚，危及人间。玉皇大帝闻讯后，派了六位神仙，将这些多余的石头移置一处，堆积成一座山，这便是峄山。

峄山主峰五华峰，为五块莲花花瓣儿一样的巨石合抱而立，直插蓝天。它恰如芙蓉出水，高洁尊贵，英姿独拔。又像仙人巨掌托举青天。古人曾有诗云："突起五华排玉柱，孤撑邹鲁近日边;霞明沧海蓬壶远，苔锁深洞觅神仙。"

论其高，峄山仅为泰山三分之一稍强，算不得巍峨高大;论其面积与周长，峄山与泰山不可同语。然而峄山却以其小巧之体、玲珑之态，集泰山之雄、黄山之奇、华山之险于一身，形成了独具一格的自然之秀美。其结构布局，起承转合;移步异景，自有玄妙;首尾相顾、起伏变幻。或者意象新类，别有洞天;或者草蛇灰线，横云断岭。加上雾气迷蒙，传神抒情;行云行雨，摄召魂梦。较之那苏州园林的"山重水复，柳暗花明"来，更当为自然之鬼斧神工叫绝！山间千岩竞秀，万壑纵横，目不暇接，令人观之，竟生人造假山之疑。

山上怪石堆垒，孔窍幽邃，泉涌云间，峰插天表，古木苍郁，杂花若锦，登临凭眺，移步异景，引人入胜。

峄山的奇特在于其罕见的巨石景观。山上的花岗岩巨形石蛋群，华丽的石林及奇形怪状的花岗岩形成各种天然群

雕，玲珑剔透，神奇灵秀。当地民间有句俗语：峄山戴帽，狗吃草，这场大雨要来到，是说峄山顶上如果看到白云绵绵不绝，仿佛一顶小白帽子，遮住了山顶，峄山下的狗吃草，那就是要下大雨了。而更奇的是，如果当地空气不好时，在远处是看不见峄山的，只有空气清新时，才能看得见。夏日乌云滚滚，但是，每当乌云飘过峄山，再从峄山山洞里飘出来，就变成雪白的云了，所以远远望去很像戴帽子。这就是峄山戴帽，大雨来到的由来。

孔子、孟子、秦始皇、司马迁、华佗、李白、杜甫、苏东坡、王安石、欧阳修、郑板桥等都曾登临览胜，他们留在峄山的三百多处著名的摩崖刻石和碑碣，为峄山增添了奇异的历史文化光彩。

“巡游天下觅美景，峄峰独耸傲长空”。峄山，因有两千多年的文化积淀，并加上独特的自然风光，可以说是游人如织，当你有幸登临，就会深深体会到什么是自然美。

兴隆文化园 这个景区不简单

✎小闵

4000多年前，夏禹划天下为九州，兖州为其一。千百年来，兖州地区九州文化、大禹文化、佛教文化等交相辉映，一直都是文化兴盛之地。

说起兖州的佛教文化，不得不说的是兴隆寺。兴隆寺鼎盛时有28院，曾有堂、殿、阁40余间，土地千余亩，僧人70余名。

隋仁寿二年（602 年），兖州僧人法性奉安舍利于普乐寺，宋太宗太平兴国七年（982 年）易名为兴隆寺，兴隆塔因兴隆寺而得名。兴隆塔高 54 米，共 13 层，下 7 层宽大，上 6 层急剧缩小，形成“塔上塔”奇观。

Tips

兴隆文化园

兖州兴隆文化园（大兴隆寺景区）按照“一园三区”总体布局规划建设，是以佛教文化资源为基础，集礼佛、演艺、禅修于一体，具有浓厚佛教文化色彩的旅游景区和文化交流基地。西区为礼佛祈福区，由高118米的灵光宝殿、静心园、观音园、兴隆寺等组成。东区为体验演艺区，与中国实景演出创始人梅帅元联合推出大型实景演出《菩提·东行》；8万平方米的室内大型佛教主题公园体验楼，给游客带来“由人到佛”的互动体验；区内99米高的合十塔与演艺、主题公园有机融合。南区为禅修休闲区，通过对塌陷地进行生态治理，建设艺术村和度假村，打造成中国独具特色的湿地禅修中心。

随着朝代更迭，古兴隆寺几经更名，最终消失在历史的尘烟中，但是兴隆塔却一直保存下来。

2008年8月，在兴隆塔地宫维修加固过程中，出土了一批佛教文物精品，还有数量众多的舍利等佛教圣物，国家一级文物鎏金银棺、佛顶骨真身舍利金瓶等重现天日，为兖州佛教文化资源开发利用带来了千载难逢的机遇，复建兴隆寺并打造“兴隆文化园（大兴隆寺景区）”的创意诞生。

我第一次遇见兴隆文化园是一个夏夜，因为工作缘故到兖州出差，晚饭后，当地的朋友说兴隆文化园东区有场演出叫《菩提·东行》，很震撼，值得一看。

据说，《菩提·东行》以2008年兖州兴隆塔地宫出土的安葬舍利记事碑内容为依据，以宋代于阗国光正大师迎请佛舍利东入兖州为故事主线，由中国实景演出创始人梅帅元及其团队精心创作。实景演出我看过不少，《封禅大典》《印象刘三姐》都让我印象深刻，因此对这场演出充满期待。

我们坐的观众席是露天的，抬头隐约还能看见星星，凉风习习。随着木鱼声起，观众的声音渐渐小了，大幕上出现了《安葬舍利碑》的影像，然后

便渐渐隐去。舞台上一个现代装扮的少女向一位白胡子老僧问佛。老僧似乎什么也没听见，自语一般地念起了《华严经》，故事就这样开始了……

北宋年间，故事主人公法藏法师从于阗出发，途径甘肃、陕北、川北、三峡、汴京一路东行，护送舍利、金瓶一路到兖州，途中遇到了形形色色的人物，包括强盗、傻子、商人、小贩、尼姑、女艺人等，也发生了一幕幕凡人被佛祖感化的故事，描述并阐释了真与美、善与恶，诺言与信任，牺牲与奉献，对目标的执着与追

求、各民族的团结与融合等主题，闪现了人性光辉，引人落泪。

当一束光照亮舞台前端蒲团上闭目打坐的白胡子老僧时，他依旧在吟诵《华严经》。现代少女再问佛，老僧离席前以“万物皆佛”回答了少女的疑问。随后，一尊金光四射的卧佛冉冉升起，慈祥地俯视众生，此前故事中出现的人物和群狮都变成了佛，皆大欢喜。

等演员们上台谢幕时，我才从故事中回到现实中来，在这个浮躁的时代，观看这么一场震撼人心、回味久远的演出是何其珍贵！兴隆文化园便在我心中留下了劝人向上、向善的印象。此后每次说起兖州，我便总能想起演出中法藏说过的那句话：“兖，端也，信也！”

第二天工作之余，我忍不住再次走进兴隆文化园，从金碧辉煌的舍利金瓶、寓意国泰民安的天王护法，到气势如虹的灵光宝殿、吉时升起抛洒甘露的观音水法，再到暗藏神秘地宫、出土珍奇国宝的千年古塔兴隆塔，现代艺术创作与庄严悠久的历史积淀相互辉映，让人的内心变得祥和、安定。

去尼山来次朝圣之旅

刘自锐

五峰并峙，五水汇流，源泉不断，楷树成阴。位于曲阜市东南25公里处的尼山，便是中国先哲孔子(前551-前479)的诞生地。尼山，坐落于文脉昌盛圣贤辈出的东方圣城曲阜。

孔子父亲生活过的鲁源村，孔子母亲的故里颜母村，孔子出生的夫子洞，都位于尼山山环水抱中，“尼山圣境”由此得名，可谓中国传统文化的发祥地。直到如今，曲阜市民在享受现代化生活便捷的同时不忘古训，亦在心灵深处将中国传统文化立为不可撼动之本。

提起尼山，相信众多游客印象最深刻的便是尼山圣境中世界最高大的孔子像。站在尼山脚下仰望这座高达72米的孔子像，顿生敬畏之心。这座孔子像不仅是“尼山圣境”的最高点，而且也是世界上最高的孔子造像。

孔子像位于尼山圣境儒宫西侧小山头上，背山面湖，面南而立，据说，孔子有72贤弟子，因此孔子像的高度定为72米。孔子像远眺东方，在中华文化乃至世界文明景观的制高点再次绽放出绚丽的光华。中外游客可以到此瞻仰、祭拜圣人孔子，这里，也将成为尼山圣境标志性文化旅游景点。

在尼山当地居民中口口相传的孔子诞生之地——夫子洞，有宣讲孔子思想的尼山书院，有象征孔子智慧的智源溪，有寓意孔子哲学理念的中和壑，这些景观均与孔子事迹传说有关。

尼山圣境使我们了解中华文化几千年的发展，使我们对自己文化的心灵家园有一种更加直观的认识。这里也必将成为一个优秀传统文化与当代价值观相结合的新形象，一个向世界展示中华优秀传统文化的新名片，一个文化交流和对话的新平台，对进一步提升中华文化的国际影响力，具有重要和深远的意义。

走进泉林 「逝者如斯夫」

✎ 景晓敏

子在川上曰：逝者如斯夫！不舍昼夜。

每次读到《论语》中这句话的时候，我的脑海中都会浮现出这样的场景：

年迈的孔子，站在一条川流不息的河边，静静思索着，风吹乱了他的白发。他的心情是郁闷的：晚年生活不如意，政治报复也无法得到施展，很多事还没来得及做，人已经老了。

这几年，几乎年年都有伤心事：独子孔鲤去世了，他才只有50岁；两年后，得意门生颜回也去世，他才只有40岁；又过了一年，忠心耿耿、经常挨骂但又招人喜欢的学生子路也不在了……

孔子看着这川流不息的河水，内心说不出的悲凉。他想找个人说说话，把自己的不如意告诉他，想告诉他自己还想再年轻一回，因为还有好多事没有做。想跟他抱怨一下，即使自己再郁闷，你看，这时

Tips

泉林

自曲阜沿327国道东行50公里即到泗水县泉林泉群省级风景名胜区。山东省旅游发展规划将之列为一级区三号“山水圣人区”，同济南、泰安、曲阜处于同一旅游线上。旅游规划专家誉为“中国泉乡”；陈云夫人、著名营养学家于若木女士题词“天下奇观泉林”。

间就像这河里的水，从早上流到晚上，一刻也不停歇，也不往回流。

孔子也许想找人说说话，他真的很思念自己的儿子和得意门生们。想跟他们抱怨一下，即使自己再不舍，你看，逝去的人就像这河水，不知道流去了哪里，再也不会回来了。逝去的人越来越多，真不知道明天谁会离开，更不知道自己哪一天也会离开。

可是，孔子找不到能说话的人，他在河边站了很久，直到夜幕降临，他才悠悠转身，摇摇头，说了一句：“逝者如斯夫！不舍昼夜。”

陪在孔子身边的学生们，并不了解老师此时的心情，只是记录下了这一流传千年的话：“子在川上曰：‘逝者如斯夫！不舍昼夜。’”用来教育后人要珍惜光阴。

后人为了纪念孔子，在孔子站过的河边，立下了一块碑，碑文是“子在川上

处”。这块碑，如今就立在泗水东50里的陪尾山下的泉林里。

泉林为古老泗水河的源头，因名泉荟萃、泉多如林而得名，亦因此而名扬天下。清光绪《泗水县志》记载：“泉群有名泉七十二，大泉数十，小泉多如牛毛。”现如今，黑虎、趵突、珍珠、红石、双睛、淘米等诸多的泉，或出于石窦间，或隐见于沙土内，珠联星列，喷雪涌玉。

如诗如画的泉林曾是孔子讲学之处，除了引发孔子的深思、感慨外，还引得众多文人骚客、帝王将相为它折腰。北魏地理学家郦道元誉泉林美景为“海岱名川”；唐代大诗人李白留有“秋波落泗水，海色明徂徕”的咏泗水河佳句；南宋学者朱熹的诗文“胜日寻芳泗水滨，无边光景一时新，等闲识得东风面，万紫千红总是春”，脍炙人口，留芳古今；清代康熙皇帝南巡时，登泰山、祭圣人、观泉林，留下了不朽篇章——《泉林记》。清代乾隆皇帝对泉林情有独钟，他先后九次驻跸，并建有行宫，留下赞美泉林的诗文达150多篇。

当年在河边哀叹的孔子已经成为“逝者”，他可能不会想到，他的儒家思想能成为历代统治者推崇的正统思想，并逐渐成为两千多年来中国传统文化的主流。

追随英雄的足迹

✎ 敏然

狼山战捷复羊山，炮火雷鸣烟雾间。

千万居民齐拍手，欣看子弟夺城关。

1947年7月，刘伯承伏在油灯下，在黄色粗糙的纸上写下这样的诗句。他刚刚和邓小平一起打了一场胜仗，但是他高兴不起来。因为这场仗胜得太艰难了，整整打了28天！虽然歼灭了国民党正规军部队4个师部、9个半旅约6万人，但是晋冀鲁豫野战军也牺牲了1万多人。

炮火雷鸣的28天！战场上的一幕幕，仿佛在油灯的光晕里闪现着。

1947年6月30日夜，刘伯承、邓小平率领晋冀鲁豫野战军12万余人，挥戈南下，突破国民党军的黄河防线，挺进鲁西南地区，发起了著名的鲁西南战役。蒋介石非常震惊，慌忙从苏、豫、皖调集了三个整编师和一个旅，企图把野战军消灭在黄河、运河三角地带。

刘伯承、邓小平识破了国民党军的企图，立即采取攻其一点（郓城）、吸其来援（金乡）、啃其一边（定陶）、各个击破的方针，将国民党军打得节节败退。7月14日，国民党军主力受重创，剩余部分退守羊山集。

羊山集是山东济宁金乡县城西北15公里处的一个大镇，地势低洼，居民千余户，村镇背靠羊山。羊山有三个突出的山峰，当地居民称东峰为“羊头”，中峰为

“羊身”，西峰为“羊尾”，羊身高于羊头和羊尾，能瞰制整个羊山和羊山集。

7月正值雨季，羊山集附近形成了沼泽地带，再加上羊山集一面靠山，三面环水，部队活动非常困难。羊山集内的国民党军是蒋介石的嫡系部队，全是日式装备，战斗力较强，他们占领着高地，火力可以控制羊山周围1000米的距离，有利于其固守和相互支援。野战军两个纵队一起从山下往山上攻，处于劣势，非但没能攻下山头，伤亡还不小。

7月15日，大雨滂沱。夜晚，晋冀鲁豫野战军向羊山守敌再次发起围攻，二纵四旅从羊山西南角进攻，抵达西阁门；五旅攻占了羊尾。三纵八旅攻占了羊头；九旅进攻南门。拂晓时分，因受敌军羊山制高点火力压制，野战军伤亡惨重被迫退出。

7月25日，天气突然放晴，野战军发

起总攻击，野炮、山炮、迫击炮交织在一起，火龙似的射向羊山主峰，野战军在炮火掩护下向前进攻。双方的激战一直持续到7月28日才结束，国民党军败退，鲁西南战役以我军的胜利宣告结束。

在鲁西南战役中，仅羊山一场战役我军就牺牲了8500多人，有些人甚至连名字都没有留下，他们被安葬在了战斗过的羊山革命烈士陵园里。

鲁西南战役的胜利为人民解放军挺进中原、跃进大别山、把战争引向国民党统治区开辟了道路，揭开了中国人民解放军从战略防御转入战略进攻的序幕，使中国人民革命战争从此开始了一个伟大转折，为夺取全国胜利创造了有利条件。50年后，为了纪念在鲁西南战役中英勇牺牲的野战军将士们，人们在羊山建立了鲁西南战役纪念馆。

王杰，1942年出生在金乡县城郊乡华堌村一个普通农民家庭，鲁西南战役的炮火波及他家乡时，他才5岁。

王杰从小爱听英雄故事，爱看英雄画册。1961年8月，王杰应征参加中国人民解放军，在济南军区装甲兵某部工兵一连当战士。1965年7月14日，在江苏邳县张楼公社帮助民兵训练时，炸药发生意外爆炸，为掩护在场的12名民兵和人武干部，王杰奋不顾身扑到炸药包上，英勇牺牲。

王杰曾在日记里写道：**“我们要一不怕苦，二不怕死，做一个大无畏的人。”**这句话成为王杰精神的集中概括。1968年，家乡人民为纪念王杰，将其故里华堌村更名为“王杰村”，并在村东建立王杰烈士纪念馆，让子孙后代铭记烈士的英雄事迹。

走进千年石头村

✎ 文曲

素有“东方圣都”之称的上九山村，每一处角落都洋溢着勃勃的生机，特别是在初春的季节。信步穿过一座由石头堆砌而成的“城门”，沿着石头铺就的道路拾阶而上，人们仿若置身于一个全然由石头组成的独特世界，这个有着近2000年历史的“石头村”，至今仍完整保存着三条明清时期石头建成的街巷。

在这有着300多座古石院，1200余间古石屋，建筑面积达30000多平方米的古村落里，生活着一千余名村民，他们在此繁衍生息，安居乐业，像极了一段从历史深处走来的记忆，真实又遥远。

上九山古村最早有文字记载是在北宋年间，因当时山上种植了很多松柏所以叫做古松村。元朝的时候几经变迁，村民多为段姓人家，因此又叫做段家庄。到明朝洪武年间一队山西商人路经此地，见此地风景秀丽，决定在此居住。他们发现周围有九座山，便将村子建在了九座山头的西北角，根据伏羲八卦的理论，西北即乾位，也就是上位，上九山村因此而得名。

信步走在村中，可以看到比较有特色的石头墙石头路。它们都是由大大小小的石块堆砌累积而成，在山上石头较多的北方这种建筑结构非常常

Tips

上九山村

上九山村位于素有“东方圣都”“邹鲁圣地”之称的孟子故里——山东省邹城市。始建于北宋初年，距今已1000多年的历史，为国内罕见的石头村落。先后被评为“国家级传统村落”“全国生态文化村”“山东省最美村镇”“山东省历史文化名镇名村”。

见。加上这边的老一辈的人们都是常年在外经商，见多识广，更是将整个村子布局得非常规整，每家每户也都有各自的建筑特色。

“保护好古建筑、保护好文物就是保存历史、保存城市的文脉、保存历史文化名城无形的优良传统。”对于保护文化遗产，习近平总书记曾经如是说。古城镇、古村落是民族传统文化赖以生存、延续、发展的重要文化空间。保护好古城镇、古村落，就是保护好文化的根基，就是留住可以触摸的乡愁。

为了加强对古建筑、古民居以及乡土传统文化遗产的保护，山东省自2014年2月启动“乡村记忆工程”，作为试点单位之一，上九

山村无疑就是一张传统文化和传统民俗的“活名片”，承载的不仅是千百年来的文化基因，还有人们内心深处最美丽的乡愁。

古村落保存完整，被誉为“古村落发展建筑史书”“民俗文化的博物馆”，独特的古建筑文化、多彩的民俗文化、纯朴的乡村文化、传统的农耕文化尽在其中，是一个能勾起许多人乡愁的地方。

汲取传统文化 滋养为政之德

灵运

在邹城孟府大堂前的“七篇贻矩”横匾下，是历代孟子后裔们用来树家风、立规矩的地方。所谓“七篇贻矩”，是雍正皇帝告诫孟家后代要以孟子的《七篇》作为言行的准则。近年来，济宁市立足孔孟故里得天独厚的

文化资源，大力开展党员干部教育培训，提升干部为政之德，打造干部政德教育基地，取得了良好的效果，影响越来越大。

在万仞宫墙前听取孔子及儒家思想简述，在杏坛体会儒家教育思想，在孔子家庙领悟儒家孝道思想，在戒贪图前加深对儒家廉政思想的认识，在孔子墓前听取儒家人生哲理讲授，在“两孟”滋养“浩然之气”，在曾庙感悟修身、齐家、治国、平天下的政治思想，在武氏祠坚定中华民族文化自信！以古鉴今、以史明镜，经世致用、文以化人，一幕幕生动的现场教学，让前来参加进修的干部学员们在对儒家精髓的学习中身临其境、入眼入耳、入脑入心，使政德教育真正内化于心、外化于行。

积极探索把弘扬优秀传统文化运用于干部教育培训，培育提升干部为政之德，倾力打造干部政德教育基地，是济宁市认真贯彻落实习近平总书记视察山东视察济宁重要讲话精神的具体体现，并取得了良好反响。济宁作为儒家文化的发源地，是孔、孟、颜、曾、子思五大圣人的故乡，始祖文化、儒家文化、运河文化、红色文化等文化资源十分丰富，特别是儒家文化，内容博大精深，传播影响广泛，蕴含着丰富的治国安邦、为官从政、修身养性等宝贵思想。应该利用好这些文化资源，大力开展干部政德教育。

为官先为德。他们组织人员精心设计干部德政教育课程体系，采取“课堂教学、现场教学、体验教学、礼乐教学”等相结合的模式，针对不同培训对象、不同培训时长等，有机组合成短、中、长期教学模块。课堂教学方面，集中山东大学、曲阜师范大学、济宁学院和省、市委党校等方面优势师资力量，打造了《儒家文化的特点及其当代价值》《传承儒家思想精髓，涵养干部为政之德》等20多堂专题课程，编撰出版了《政德教育读本》《读孟子养政德》等辅导教材。为与课堂教学相呼应，让学员亲身体验感受儒家思想价值理念。他们开发了近20处现场教学点，分别讲述儒家仁政思想、廉政思想、规矩之道等。礼乐教学方面，与中宣部合作拍摄了专题教学片《政德的力量》，依托山东省话剧院编排了话剧《孔子》，组织了地方传统组合剧目《儒风雅韵》，推出了《再出发》《孟子》《向你看齐》等多首弘扬传统文化的歌曲，深受各地学员们的喜爱。

济宁市还以孟子研究院为中心，整合邹城铁山公园、择邻山庄等资源，打造了儒家文化研修区，作为政德教育培训的辅助场所。如今，济宁干部政德教育培训已从济宁市级层面逐步拓展到省级以至全国。中央党校、国家行政学院、山东省委党校、山东行政学院的中长期班先后到济宁开展培训。

“三孔”“两孟”“曾庙”“武氏祠”大课堂，擦亮了济宁政德教育的名片。

第五章 古运河 穿越历史云烟

这座城，
是孔孟之乡，
也是运河之都，
它承载着历史的厚重，
也继承了古运河的灵动。
穿越历史的云烟，
一起来感悟这里的故事。

宝相寺里的圣物佛光

晴夏

山东汶上有千年古刹大宝相寺。宝相寺始建于北魏，唐名昭空寺，宋为宝相寺。千年前，这里是金碧辉煌的皇家寺院，帝王将相多到这里参拜供奉，不少名流墨客也到这里游玩观光，曾经被誉为佛家东土第一道场。近年来，宝相寺不断修缮，再次让世人关注，成为礼佛祈福的首选之地。

寺庙内耸立的八角形十三层楼阁式砖塔，古朴典雅、雄伟壮观。古塔建于熙宁六年至政和二年（1073 年 - 1112 年），前后共 38 年，是由皇帝赐紫高僧知柔大师亲自监造、仿照京师皇家开宝寺灵感塔建造的一座典型的“佛牙舍利塔”。古塔历经岁月沧桑和战火劫难依旧屹立不倒。1994 年修缮时，在地宫发现了密保佛家圣物的石匣铭文，人们才知道千年古塔名为“太子灵踪塔”。

政和二年三月十五日汶上人赵世昌将佛牙舍利隐入地宫，1994 年 3 月 15 日，工作人员在石匣内发现了金棺银椁函藏的佛祖佛牙舍利。天竺圣物在汶上重现，一时间震惊世界。

佛家认为佛光是菩萨头轮放射出来的光芒。相传，千年前的一天傍晚，在中国西北部的甘肃省敦煌市附近的一座沙山上，“佛光”的一次偶尔呈现被一个叫乐僔的和尚无意中看

到了。看到“金光”和“千佛”奇异景象的乐僔当即跪下，并朗声发愿要把他见到“佛光”的地方变成一个令人崇敬的圣洁宝地。受这一理念的感召，经过工匠们千余年断断续续的构筑，终于成就了人们今天看到的举世闻名的文化艺术瑰宝——敦煌莫高窟。太子灵踪塔也是遵循佛家认为“佛光”显现之地圣洁这一理念所建。

古运河畔 东大寺守护600年

七星

济宁东大寺位于越河街道小闸口上河西街 4 号，坐落于古京杭大运河畔，依河而建，故俗称“顺河清真东大寺”。全寺占地面积 7200 平方米，建筑面积 4000 平方米。始建于明洪武年间，迄今有 600 多年的历史。门匾“古礼拜寺”由著名书法家陈金言题写，因地处全市 9 座清真寺之东，故简称东大寺。

东大寺为标准的龙首式建筑群，中轴线上主要建筑有大门、邦克亭、大殿、望月楼等四部分，中轴线两侧是南北讲堂、水房、碑廊等。整座大殿有卷棚、前殿和后窑殿三部分，以勾连搭形式组成。窑顶峰折陡峭，起伏错落，檐下斗拱罗列，翼角飞翘，覆黄绿色琉璃瓦，顶嵌青铜质鎏金宝瓶，流光溢彩；殿后是“望月楼”，砖木结构，以精巧玲珑著称。

据寺内清同治六年 (1867 年) 碑记载，在明天顺时济宁即有一古寺，在台东棉花街。后在明成化时由当地穆斯林社首马化龙父子出资将寺迁至今地。又据民国二十九年 (1940 年) 公建顺河东大寺碑记载，此寺创建于明朝成化年间，清康熙年间穆斯林集资重建，建筑规模宏伟，“洵属南北回教寺院之冠”。同治元年碑记载，清乾隆年间钦赐重修，始具今日规模。“其气魄位列全国清真寺木构建筑之冠”，是一座“龙首”式样的中国宫殿式伊斯兰教建筑群。

清真寺的后面，紧靠人烟稠密的闹市

区。为了与周围环境相协调，保障清真寺的美观，建筑学家们采用牌楼作后门的格局。后门楼深、阔各三间，中间设门。后门两旁八字墙外展，门前有栅栏花墙遮挡，将中央单间单楼式牌楼加以烘托。如此富丽堂皇的后门建筑的清真寺，国内罕见。这样，在与南北运河几乎垂直的东西长百米的中轴线上，从石坊、大门、南北讲堂直到大殿，建筑高度步步升高，过渡到30米高的后窑殿才是最高处。然后逐步舒缓回落到后门牌楼，高低疏密恰到好处，布局合理，排列有序，主体突出，错落有致，浑然天成。其寺的全部建筑可说是高大巍峨，姿态动人，无论是从寺的正面即运河之东向西眺望，还是从寺的背面向东望去，都给人一种令人叹服、心旷神怡的感受。

在济宁市清真东大寺的西侧，原来有一座著名的寺院，人们叫它“西大寺”。

两寺就像一对孪生兄弟，一东一西，耸立在古运河畔，目睹着齐鲁大地的辉煌与沧桑。如今西大寺已不复存在，留给人的只有深深的回忆。

Tips

顺河东大寺

坐落在山东省济宁市小闸口上河西街。因寺门临古大运河西岸，故俗称“顺河东大寺”。始建于明洪武年间，以后经明、清各朝及当代数次修缮，使建筑面积达到4134平方米。门匾“古礼拜寺”由著名书法家陈金言题写。

北方"都江堰"：农民建造的水利奇迹

白小风

汶上县流传着这样一个歌谣，“宋家运河白英泉，南旺湖里水好甜。”这个河指哪条河？为什么姓宋？白英和泉有什么关系？这里面是有故事的。

元朝定都大都（今北京）以后，元大都的粮食和物资供应主要依赖南方，但当时的大运河很多河段都淤塞，漕粮抵达大都需要水陆交替运输，费时又费力。

为此，1289 年，在郭守敬的主持下，元朝开凿了会通河，由城坝把汶河水引至济宁，在济宁建天井闸分水，使运河的通行成为可能。不过，不知是不是郭守敬的测量出了差错——济宁的地势比南旺低，往南旺方向分水实则是“水往高处流”。结果，会通河“常患浅涩”，漕船过大则经常搁浅，造成堵塞。因此，元朝会通河的效率非常低下，漕运粮食每年仅数十万石而已。

明朝洪武年间，黄河数次决口，整个会通河、济州河大面积淤塞，有的河段甚至被填平。永乐年间，明成祖朱棣准备定都北京，营建北京城的大量物资需要南方供给，对运河再次通航提出了迫切要求。

永乐九年（1411 年），明成祖采纳济宁州同知潘叔正浚通会通河河道的建言，命工部尚书宋礼等人主持疏浚会通河。宋礼征调济南、兖州、青州等地 16 万多民工，对济宁至临清 385 里的河道进行全面疏浚。

宋礼重新疏通会通河后，河道水源不足经常影响漕运，他害怕会有杀头之罪，所以日不能食，夜不能寐，经常化装成平民百姓去找解决办法，于是遇到了白英。

白英原籍山西洪洞县，明初迁到汶上，居白家店村，以种地为生，从小就聪明好学，精通地理水势。那时大运河淤塞，每逢汛期，运河就会遭受水患，民众苦不堪言。白英深知百姓疾苦，一直在盘算着如何才能解决水患。

白英见宋礼求贤态度诚恳，整治运河的决心很大，便将自己盘算的整套方案都告诉了他。白英建议

宋礼“借水行舟、引汶济运、挖诸泉、修水柜”。宋礼听了后觉得很可行，便邀请白英跟他一起建设治运工程。

1412年，在宋礼的支持下，白英绘制蓝图，亲临现场指导施工，经过近8年的艰苦劳作，完成了南旺水利枢纽工程。他在汶上县北的大汶河上修建了一座“五里十三步”的土沙坝——戴村坝，又在坝的上游南岸开挖小汶河，直达运河的“水脊”汶上县南旺。

为调节进入运河的水的南北流量，白英在南旺制高点建造了一个科学而合理的分水口，被后人称之为“龙王分水”。该分水口的建造，先是在汶河与运河交汇处的丁字口，筑砌了一道近300米的石护岸，以消减汶水急流的冲击；而后在河底部建造了一个鱼脊状的石拨即“鱼嘴”，以石拨将汶水分流南北，通过改变石拨的形状、方向和位置即可调整南北分流比例。民间所传的“七分朝天子，三分下江南”，便是当时分流的比例。后经考证，实际分流比例近于六比四。

此外，为调节运河总水量，宋礼和白英带领民众先后修建了马场、南旺、蜀山、

马踏、安山五个水柜，运河水浅时，可以把水柜里的水放进运河里；运河水过多时，可以将水引到水柜里。宋礼和白英在引水河道与水柜的关系处理上，抓住了“引、蓄、分、排”四个环节，实现了蓄泄得宜、运用有方。为了解决运河枯水期水源的问题，白英还在兖州、青州、济宁州三州境内挖泉水汇入运河。

白英规划的“引汶济运”南旺分水枢纽工程科学地解决了引水、南北分流、蓄水等重大复杂的技术和实际航运难题，在科学价值和建筑工艺的某些方面甚至超过了李冰父子设计建造的都江堰。它凝聚了古代官民的匠心和智慧，堪称世界古代水利史上的一大范例。

宋礼和白英的努力，使得京杭大运河平稳运行近 500 年，受到后人的高度评价和赞扬。为纪念他们创修南旺枢纽工程的壮举，明清两代在南旺汶水、运河交汇处建造了“分水龙王庙”，设有宋尚书祠、白公祠、潘公祠、水明楼、戏楼、蚂蚱神庙等十余个院落，巍峨壮观，古朴典雅。

据说清代乾隆皇帝六次南巡，每次都在分水龙王庙留下亲笔题诗。他第一次南巡，坐龙舟经南旺谒分水龙王庙时，就题写了这样一首诗：

清汶滔滔来大东，自然水脊脉潜洪。

横川僢注势非迕，济运分流惠莫穷。

人力本因天地力，河功诚擅古今功。

由于大巧原无巧，穿凿宁知禹德崇。

Tips

京杭大运河南旺枢纽国家考古遗址公园

大运河南旺枢纽国家考古遗址公园位于山东省汶上县南旺镇，是以大运河南旺枢纽工程这一重要考古遗址及其背景环境为主体，保护和保存南旺枢纽遗址及其相关环境，体现南旺枢纽在运河中的重要地位，全面展示大运河的历史文化的国家级考古遗址公园。公园以汶运交汇口和南旺分水龙王庙为核心，北至十里闸，南至柳林闸，东至徐建口斗门。规划总面积128公顷，包括6处世界文化遗产点和会通河南旺枢纽段、小汶河2段世界文化遗产河段的部分河道遗产。大运河南旺枢纽作为京杭大运河重要一部分列入第六批全国重点文物保护单位。

南阳古镇：“江北小苏州”

马雅

“重华冀北再开天，益佐山林涉大川。四岳受成方贡日，三边仰给县官年……”这是明代才子李攀龙对当时作为商埠码头的济宁南阳岛繁华兴盛的描述。

南阳古镇坐落于微山湖中心，这是一处北方水乡，素有“江北小苏州”的美誉。由于京杭运河穿湖而过，就在这狭长的湖面上伴河形成了一个曾经显赫一时的运河四大名镇之一南阳古镇。济宁雅称南阳古镇为“江北小苏州”，则是因为它地处大运河中段，由南北货物集散之地的地利所致。商业繁荣，带动手工业的发展，从而促进了流经地农村城镇化的发展。游艺民俗，也有着工商文化的深刻烙印。

这里的老人回忆，过去没有铁路，京杭大运河上百舸争流，来自南方苏杭，载满丝竹白米、丝帛名品的航船，以及从通州府南下的船队，都停泊在这里。

漫步在南阳岛，岛上小街窄且弯，数条石板小路把熙熙攘攘的人流一直拉到河岸上。镇政府、医院、学校都在这条小街上，商店、客店等社会服务设施一应俱全。天色未明，湖上渔村来赶集的船儿，便泊满了岸边。集市虽小却品类齐全，日用百货、生产物资、鲜鱼嫩蟹、地方名吃等应有尽有。古镇小街的渔家宅落，门前铺有荷叶，十张数十张，一片翠色。天还很早，在半明曙色里，小街上闪动着灯盏人影，野鸭子摆在了荷叶上。太阳升起来，阳光明丽，照耀着半条小街。

在这里除夜市、鱼市外，粮行、酒馆、饭馆、京广货庄、布店、杂货店；卖包子、烧饼、元宵、烫面饺的小饭摊，更是比比皆是；还有水果摊，卖香蕉、桔子、胶枣、

核桃……卖糖果的糖桃子和头顶筐篮的卖花生者，在人群中穿来穿去；大声吆喝着的小贩，从南叫到北，从东叫到西。渔民销完渔获，便在市上喝碗酒，吃点儿夜宵，买些日用品，傍明赶回湖里再去劳作。

淳朴的渔民虽起早贪黑，但却过着世外桃源般的惬意生活，如何能不让人发出“宁作南阳人，不愿当神仙”的感慨？

古老运河文化造就了一方水土，养育了一方人。南阳昔日辉煌虽已过去，但保留着的部分历史遗迹，朴实无华而富有深厚文化沉淀的古镇风情，为南阳旅游开发和发展提供了丰富的文化资源。

Tips

南阳古镇

南阳古镇位于山东省济宁市微山县境内，位于南四湖靠北侧的南阳湖中，在微山湖这个北方水乡里，由于京杭运河穿湖而过，所以，就在这狭长的湖面上伴河形成了曾经显赫一时的南阳古镇。

微山湖上静悄悄

文荷

说起微山岛，不得不提的就是铁道游击队了。抗日战争时期，铁道游击队在湖面上与敌人周旋、战斗，使得这个抗日水乡闻名遐迩。微山岛是著名的抗日根据地，这里涌现出许多可歌泣的英雄事迹，刘知侠的长篇小说《铁道游击队》即取材于此。一曲《微山湖上静悄悄》使微山岛名扬中外。

微山岛历史悠久，古迹众多。历史遗迹有微子墓、汉代张良墓、春秋目夷墓。微山岛作为著名的抗日根据地，是铁道游击队、微湖大队、运河支队等革命武装成长的摇篮。坐落在岛上的铁道游击队纪念园被命名为“济宁市爱国主义基地”和“山东省国防教育基地”。

来到微山岛，正值盛夏时节，放眼望去，微山岛美景如画，足有十万亩的荷花尽收眼底。蹬着租赁的自行车，在岛上转悠着。窄窄的水泥路，弯弯曲曲，岛上的村庄与普通的苏北村庄并无大异。“西边的太阳就要落山了，微山湖上静悄悄……”从微山湖民间土琵琶点歌台传出了熟悉动听的歌声。一位老人怀抱土琵琶在深情歌唱。弹琴老人是土生土长的微山湖人，他弹奏琵琶已有 50 年历史。在铁道游击队纪念园内为游人琵琶弹唱也 10 年了。

红的如霞，白的清丽，晃晃荡荡一大片荷花十分壮观。这与被盛赞为“三秋桂子，十里荷花”的杭州西湖相比，亦有争胜斗强之概。难怪到这里观赏过荷花的游客们，纷纷要在“黄山归来不看岳，九寨沟归来不观水”后，加上“微山湖归来不赏荷”这句赞誉。

不仅风景秀美，微山岛的物产也非常富饶，这里素有“日出斗金”之美誉，有鱼类 78 种，水生植物 87 种。以微山湖淡水鱼为主要原料制作的百余种湖鲜名吃，如“漂汤鱼丸”“老鳖靠河崖”“霸王别姬”等更是闻名遐迩。

来到微山岛尝一尝当地人亲手做的渔家饭菜，听一听土琵琶的深情歌唱，尽情领略秀丽的湖光山色，定会让你流连忘返。

Tips

微山岛

位于山东省济宁市微山县境内、微山湖的东南部，是中国北方最大的内陆岛。岛上有丰富的自然、人文景观。抗战时期，著名的铁道游击队的故事就发生在这里。一曲《微山湖上静悄悄》使微山岛名扬中外。

李白在此饮酒赋诗

林丽霞

清乾隆三十年（1765 年）三月上旬的一天，在山东济宁南门城楼的东城墙上，一群官员正簇拥着一位年过半百的老人，这个人就是乾隆皇帝。此时，矗立在乾隆皇帝面前的是一座修建在城墙上的楼阁，名叫太白楼。

在中国历史上，清朝的乾隆皇帝是驾临济宁次数最多的皇帝，而在乾隆皇帝驻跸济宁期间，只要条件允许，他都会登临济宁的太白楼。因为站在太白楼上，他不仅可以欣赏运河两岸的风景，体会京杭大运河这一伟大工程带来的震撼，更重要的是，太白楼是他怀念“诗仙”李白最好的场所。

元代京杭大运河改道济宁后，运河古道自南向北转西从济宁城内逶迤穿过，济宁成为了重要的水上交通枢纽，也因此成为江北地区首屈一指的繁华都市，而太白楼就坐落于此处，帝王权贵、文人雅客，经运河来到济宁，无不登此楼极目望远，挥墨留诗，来感受百年前李白“我以一箭书，能取聊城功”的浪漫、抱负和胸襟。

唐开元二十四年（736 年），此时李白三十六岁，他带着夫人

许氏及女儿平阳由湖北安陆迁居任城，也就是今天的济宁，此后的 23 年里，即使李白依然像以前一样四处游历，但他始终把家安置在济宁，他的女儿在这里长大，儿子在这里出生。妻子许氏也是在这里离世的。

相传，太白楼的前身是一座酒楼，李白在济宁居住期间，常常至此饮酒消遣，挥洒文字，写下了许多著名诗篇。唐咸通二年（861 年），吴兴人沈光敬慕李白，登酒楼观光，为该楼篆书“太白酒楼”匾额，并作《李翰林酒楼记》，从此酒楼便改为“太白酒楼”而闻名于世。

1952 年，在旧城墙上重建太白楼，重建后的太白楼连同台基，共占地 4000 平方米，楼体为两层，重檐歇山式样，砖木结构，二层檐下正中悬扇形“太白楼”楷书阴刻匾额。楼上正厅北壁上方镶有明代诗人所书“诗酒英豪”大字石匾，下嵌着李白、杜甫、贺知章全身阴刻“三公画像石”，游廊和院内有《李白任城厅壁记》，唐代以来文人墨客的赞词、诗赋及乾隆皇帝《登太白楼》等碑碣 60 余块。有罕见的李白手书“壮观”斗字方碑。1985 年经济宁市人民政府批准，太白楼被公布为市级文物保护单位，2010 年被评为国家 3A 级旅游景区。

如今的太白楼的一砖一瓦、一草一木以及每一首诗篇、每一座石刻已成为古运河济宁段不可分割的一部分，太白楼是济宁历史变迁的记忆。

登上太白楼，站在临风举樽的太白石像下向南望去，太白楼与古运河之间宽阔的路上人流熙熙，车流攘攘。熙攘里的人们是幸运的，他们曾与一个伟大灵魂在不同的时间里走过同一条街，看过同一片天空。

竹竿巷，当年恰如 CBD

自在

竹竿巷是位于济宁古运河畔的老街巷子之一，是济宁市市中区水乡风格的一个缩影。旧时的竹竿巷是济宁手工业最集中、商业最繁荣的地段。

竹竿巷是伴随着元代开凿运河应运而生的，自元代京杭大运河改道济宁后逐渐发展起来，以经营竹编、土产、杂货等为主的济宁著名手工业作坊区。前店后厂、下店上居的建筑格局，具有浓厚的民族气息，是目前反映明清时期济宁商业概貌的典型街区，直接反映了济宁运河文化的特色，具有浓厚的江南水乡韵味。

济宁是山东最大的竹器市场，而济宁竹器作坊多集中在竹竿巷，清末已有37家，民国初期增至60家，抗战前增至130多家，一直到今天，竹竿巷仍然是济宁市竹器行业的大本营。

经营竹业的客商专门去南方采购毛竹，把十几米长二三十公分粗的毛竹扎成竹筏，上面再堆放些细小的黄竹和斑竹用于做笔杆和烟袋杆，也有的是绑在漕运皇船的两边捎至济宁的。当时，大批的漕运船队两边都绑上很多竹竿，好处是船过闸时不使船闸相撞，即使相碰有竹竿相隔也可以缓解冲击力，相对安全。在运输中遇到风浪，大批竹竿也可增加船的浮力，从而减少沉船的危险。这些毛竹，运至济宁后廉价销售，这样，大批的毛竹在运河南岸堆积如山，多的年份数量可达百万斤以上，渐渐便形成了竹业一条街，从而出现了竹竿巷。

后来随着竹业的发展和繁荣，竹业店铺也从竹竿巷向临近的纸坊街、汉石桥街和纸店街延伸，形成了大概念上的竹竿巷。因竹竿巷巷道两旁多为两层楼阁式的铺面建筑，古朴雅致，小巧玲珑，其前店后坊的建制，既有江南水乡灵巧清秀的风格又

有北方稳固厚重的感觉，因而又被人们誉为“江北小苏州”。

竹竿巷的房屋建筑独具风韵，二层楼阁，下面为全敞开式的活动门板，铺面亮堂，方砖乌瓦，青石板铺地，行走其间，清新阴凉。楼房顺河而建，参差进退，蜿蜒错落，形成了门前交易，院后乘船的独特风貌。楼与楼之间又相互搭连，高低错落，跌宕起伏，阁楼下面做门面，上面多为学徒、伙计的歇息住宿之所。

竹竿巷的楼房，在构造上经过了南方工匠百多年的数次改进和北方泥瓦匠的不断翻新，便兼具南北风格了。素有“济州之花”的竹篮，更招来各地客商的青睐。竹器制品，书画古董，茶房酒馆，歌楼妓院，三教九流无所不有，“商人嗜利暮不散，酒楼歌馆相喧阗 ”这两句诗，就贴切描绘出了当时的繁荣局面。

济宁竹竿巷的竹业靠运河的开掘而兴，竹编技术也得益于江南竹编艺人的传授。随着运河的开通，江南的竹编艺人能工巧匠也顺运河来到济宁，他们靠河就近开店设铺，开馆收徒，传授技术。用锯、竹刀、手钻为主要工具，根据品类和用途将竹子制作成粗、细、精等各种档次的竹篾，再编织成新颖、精美、轻巧、实用的竹制品。

漕运的畅通带来济宁货畅其流、商贾云集的景象，河上漕船、鲜船、快船、马船、供船、巡船、盐巡船和民间商货船穿梭往来，漕船的锣鼓声、卫丁的叫嚷、纤夫的号子此起彼伏，日夜不息。北方的皮毛、药材，南方的丝、竹、茶叶、陶瓷沿运河而至，鲁冀豫皖上百县盛产的粮、棉、油装船外运，南北商人汇聚于此。

济宁城内先后有九个省的商户建立了七处会馆，均布局在竹竿巷周围，呈现出“通渠要道、运河两岸、店铺林立”的繁荣景象。航运的畅通，贸易的繁荣，手工业的发达，加之水司衙门林立，朝廷命官纷至沓来，金钗玉坠招摇过市，强力刺激着竹竿巷建设规模的扩大和风格的形成，一度使竹竿巷在济宁这座古老城市里名声大噪，令人流连忘返，成为济宁城区一张靓丽的文化名片。

Tips

竹竿巷

竹竿巷位于山东省济宁市老运河南岸。沿街西侧的店铺，大都是2层-3层5开间抬梁硬山式楼房，前出抱厦，明柱承托，包括竹竿巷、纸坊街、汉石桥街、纸店街以及清平巷、打绳巷、永丰巷和大闸口河南街这一大片临河街区。

晚凉看洗马 森木乱鸣蝉

李悦

唐代大诗人杜甫笔下的“秋水通沟洫，城隅进小船。晚凉看洗马，森木乱鸣蝉”，说的便是济宁南池景区了。后来康熙皇帝和乾隆皇帝南巡时，也曾到南池赋诗题字。地以人名，池因诗传，“南池”名流于世，千载不衰。

来到济宁逛公园首选便是这里了，现在的南池公园历史文化丰厚，内有王母阁、晚凉亭、杜甫茶舍、诗碑、牌坊、少陵祠等。《济宁县志》记载：“古南池在城南三里许小南门外，小南门即故城也。地周二三里许，内有王母阁，阁西南水中有晚凉亭，夏日荷花盛开时，清香袭人，而白莲尤胜，每有游人宴宴于是。”

“南池荷净”景观就是来源于此。明、清时代的南池又进行了大规模修建，水中有王母阁岛、北坛岛、南坛岛、池心岛四个岛，并建有王母阁、玉皇庙、濯缨亭、君子亭、观荷亭、观澜亭等。

走进南池景区大门，浓郁的汉唐风格建筑映入眼帘，撑在基座上的四根红色粗柱一字排开，将整座牌楼间隔成三道横门，中间一道可通各类车辆。门额上“南池公园”四个大字，是由中国当代书法大家欧阳中石先生所书。

据说大诗人杜甫曾为南池景区留下多篇佳作，其中《秋兴八首》中提到：“蓬莱宫阙对南山，承露金茎霄汉间。西望瑶池降王母，东来紫气满函关。云移雉尾开宫扇，日绕龙鳞识圣颜。一卧沧江惊岁晚，几回青琐点朝班。”便被认为说的是古南池的紫云桥，从古至今人们就把祥瑞之气称为紫云，传说中的仙人居住的地方称为紫海，将神仙称为紫泉，把城郊外的小路称为紫陌。

南池景区的标志性建筑是王母阁，这里不仅风景宜人，而且楼阁耸起，历代诗人、名流多会于此，吟诗题赋。尤其是王母瑶池传说，更吸引无数善男信女前来烧香拜佛。

每年农历三月三蟠桃会，周围百多里的人们前来进香，南池更是香烟缭绕，灯火辉煌，人山人海，热闹非凡。现在，游于园中，湖畔人潮如织，湖面扁舟荡漾，水榭楼台，风光秀丽，让人流连忘返。

Tips

南池公园

南池公园是济宁市级综合性水景公园，位于现在济宁市城南王母阁路西侧，任城路南侧，规划总面积达34.3公顷，由唐代南池王母阁重修并扩大而成。

千年古塔 铁骨铮铮

✎ 香愿

传说北宋徽宗时期，济宁一富商徐永安，因婚后多年膝下无子，于是便到崇觉寺进香求子，许下誓愿，如果得子，将重修寺院，并铸铁塔以弘扬佛法。

说也奇怪，第二年，徐永安之妻常氏便有孕在身，生下一男孩。徐永安非常高兴，但因常年经商在外，便委托妻子常氏出面，出资重修崇觉寺，并在寺内以生铁浇铸释迦牟尼的铜像，以此报答佛祖送子之恩。从此，民间就把这崇觉寺改称铁塔寺了。

据文献记载，崇觉寺始建于北齐皇建元年（560 年），北宋崇宁四年（1105 年）在寺内建立了铁塔，寺院也由此俗称“铁塔寺”，距今已有 900 余年的历史。铁塔为八角七层楼阁式塔，增建为九层，塔通高 23.8 米。整个铁塔的构件均为仿木结构形式的雕模铸制，反映了宋代木构建筑形制和精益的炼铁技艺。它是我国现存最高、最完整的宋代铁塔。

建塔时，由于连年战乱，铁铸塔仅建七级而停工。到了明代，地方官员、士绅及民众都以铁塔“无顶未尽美”为憾。明万历九年（1581年），有个叫龚勉的人任济宁道（相当于现济宁市市长），发动乡绅名流集资，亦用铁浇铸，增高二级，塔顶又冠以铜质鎏金天门。令人惊奇的是，明代续建的两层及塔顶，材料工艺与宋代建造七层时的一模一样，丝毫看不出增建的痕迹。

阳光下，金色的塔顶，玄色的塔身，紫光吐辉。斗拱雕花的平座、围栏、飞檐及金光闪闪的天门，堪称设计精巧，造型奇特，昂然耸立，蔚为壮观。莲花形底座为铜铸，与塔顶紧扣一体组成塔刹。铁塔铭文分别铸在第一层塔身的东南和东北面壁上。塔基深1.9米，塔座设一西向塔室，为砖砌、仿木建筑。室内供有大悲观音千手千眼佛，佛座三面刻有佛教神话、讲经、飞天等故事画面。

据传，有一天，清乾隆皇帝游览铁塔寺，考验主持才学，出上联“铁塔挂慈灯普照玉露”，主持答曰“石佛系响铃声远金山”，乾隆称好。古代济宁有“古任城，阁楼多，三塔七寺十八阁”之说。上联中含铁塔寺、慈灯寺、普照寺、玉露庵，下联中则含石佛阁、响铃阁、声远楼和金山寺。

1973年，国家专门拨款对铁塔寺进行大修，在大修过程中，考古学家们在第一层内发现石棺一口，棺内有一银质舍利匣，匣内存放舍利子，此物现已存放于济宁市博物馆。1988年铁塔寺被国务院列为全国重点文物保护单位。

如今走进铁塔寺，在铁塔第一层塔身的东南和西北两面的壁上，依然还可以清晰看到铁塔铭文：“大宋崇宁乙酉常氏还夫徐永安愿谨铸。”铁塔距今已有近千年的历史了，在这近千年的历史岁月中，铁塔历尽风雨沧桑的洗礼而不倒，耸立在这块古老而神圣的土地上，仿佛还在讲述着那段历史长河中不能忘却的篇章……

诗仙笔意 泉水留情

王丽

开元年间，唐代大诗人李白因为遭到权贵的排挤，来到了济宁任城区。他在《五月东鲁行答汶上翁》诗中写道：“学剑来山东。”其实，他是投靠亲友而来。

据说，当时，李白的一些族亲在东鲁一带为官，他的六叔父在任城当县令，兄长李明府在中都（汶上）当县令，族弟李凝在单父（单县）为主簿，从祖李北海任济南太守，近世族祖李辅任鲁郡（兖州）都督，李幼成、李令问等几个族弟也都在山东供职，他希望在济宁得到一些支持。

相传，李白在任城期间的寓所，在如今济宁市太白楼中路北侧的一处院子里，后经历代整修，成为一处风景优美的园林。

园林里有一处一泓池水，原先只是普普通通的一处地下泉眼，因为李白曾在此浣笔，因而得名浣笔泉，并被世人喜爱。

据《济宁直隶州志》记载：浣笔泉原名墨华亭，始建于明嘉靖五年（1526年），由主事白旆在泉旁建一亭，以供宾客游览观光，凭吊古人。到了明万历二十六年（1598年），主事胡瓒重修，浚泉池，砌石栏，建方亭，植柳竹，泉上榜书“墨华”，从此才有了“墨华亭”或“墨华泉”之称。同时，还于泉北筑堂三楹，以祀李白、贺知章二贤。故而明代文人潘承念在《墨华泉碧》一诗中曰：“何如一勺墨泉水，天宝年来流到今。”

明末清初曾多次重修浣笔泉，到乾隆十五年（1750年）知州席恒轩捐资修葺，在堂房旁边增建配厅、中筑门，并开凿了方、圆二池，皆曰“浣笔”，自此，“墨华亭”更名为“浣笔泉”。乾隆五十六年，河督李公重修后堂，起层楼，楼上祀李白、杜甫、贺知章三公像，堂前仍建“墨华亭”，亭后放置了一块一丈多高峥嵘奇突的巨石，石上镌刻“小雷峰”三字，石旁还建了一舫形小屋，跨以小桥。

到了1914年，清末翰林杨毓泗、单县人高为汉等人又重修“浣笔泉”，这使浣笔泉逐渐形成了一座规模宏伟，集楼、堂、亭、池、桥为一体的园林建筑，成为流水潺潺、花木扶疏、柳荫竹翠、风光绮丽的名胜游览之地，“墨华泉碧”也成济宁古八景之一。

这处园林如今隐身在济宁闹市中，推开朱红色的大门，便能看到一泓池水，周长八丈有余，这便是诗仙当年挥毫作诗的浣笔之处，池旁有一幢明万历六年立的碑石，上书“浣笔泉”。

浣笔泉所在的园林占地面积达 1.5 万平方米，主要建筑是二贤祠，是一座坐北面南的祠堂，殿室五楹，灰瓦盖顶，前厦抱出，内祀李白、贺知章两位诗人雕塑。四周墙壁，镶嵌着历代文人墨客咏颂浣笔泉的诗文刻石。

站在泉边，不禁会想，李白和家人一定在泉边度过了一段幸福的时光。夏日的傍晚，余热还未消，李白在泉边石几上书写诗章，娇女平阳伸出小手捧起泉水滴入砚台为父亲磨墨，妻子许夫人则在泉边浣洗、淘米、戏水。

难怪清代诗人牛运震会留下咏浣笔泉的诗句：城外双池傍古台，开元才子此徘徊。一湾流水人何在，满树鸣蝉我又来。晴日泉花堪浣笔，江天月影更衔杯。怜君一去风骚尽，怀抱千秋谁共开?

古时贾堌堆 而今农家寨

✎ 周晴

梁山，有好汉。杏花村，有好酒。贾堌堆，有好景。“堌堆因村而得姓，村因堌堆而得名”，明朝初年贾氏祖在梁山县一堌堆处繁衍谋生，“贾堌堆”之名因此而来。

所谓“堌堆”，就是古代先民们为了渔猎及生活、休息的需要，在湖泽的边沿选择稍高处搭建草屋，一段时间以后，该地因不断受压而略下沉，先民们逐渐垫高，长此以往，形成高出地面的土丘。

提起贾堌堆遗址人们或许知之甚少，但说起龙山文化则众人皆知。经考证，贾堌堆系原始社会末期新石器时代龙山文化时期（原始社会晚期）的人类居住遗址，距今约有 4500 年的历史。

古时贾堌堆，而今农家寨。贾堌堆位于梁山县大路口乡，以龙山文化、农耕文化为魂，以美丽田园为脉，以古朴村落为形，建设了花海、古寨门、陶艺体验展示馆、民俗展馆、古戏台、茶楼、贾家胡同、秀才大院、农民艺术博物馆等传统景观，形成了有着农家寨风范的乡村旅游好去处。

以渔樵耕读为代表的农耕文明是千百年来汉民族生产生活的实践总结，是华夏儿女以不同形式延续下来的精华浓缩并传承至今的一种文化形态。贾堌堆村旅游资源丰富，有保存完整的古房屋，有垂钓、采摘等趣味的旅游项目，有黄河鲤鱼、大块牛肉、羊汤丸子等可口的特色美食，更有梁山好汉闹新春、斗鸡、斗羊等表演项目，形成了渔樵耕读的农耕特色。

蜂飞蝶舞，鸟语虫鸣，300 亩五彩纷纷的花田，成为春夏时节一道最美的风景。周边村庄的人们，早就爱上了贾堌堆农家寨乡村旅游示范区，他们喜欢早晚到花间散散步，到凉亭上吹吹风，或者午后到花丛边的树荫里，在胡同口的阴凉处，拉拉家常、绣绣花。贾堌堆也因此成为村民的“氧气罐”、外地游客的养生地、市民百姓的后花园。

黄河故地 路那里村

凉风

梁山县小路口镇路那里村坐落于黄河和京杭大运河岸边，是当地有名的历史民俗文化村。路那里北靠黄河，东临东平湖，在黄河大堤南坡依堤而建。全村共206户，800多口人。路那里新村建成后，老村闲置，只有十几户老年人还在村里居住。

据说，明洪武年间，路氏祖由山西洪洞迁此建村，以姓氏和方言命名为路那里。大凡以姓氏命名的村庄，多是此姓先来定居，梁山有七十二那里，这些那里大多分布在县域西北黄河边上。路那里村路姓人口居多，占半数以上，其他姓氏后续迁来，繁衍成泱泱大村。

历史上黄河改道二十六次，决口一千五百余次，约于两宋之间过梁山地区，多股并流，或决或塞，庶民迁徙无定，拳铺、马营一带尚存旧河道，现居民大多于明清时迁此。路那里，地名志上说明朝洪武年间建村，族谱记载嘉靖年间迁此，其间一百五十余年，就这样被岁月大笔略过。

路那里村处于黄河和古运河交汇处，这段河道应属元代大运河，明清运河已东移数十里入东平界内大清河。老村呈线状分布，狭街窄巷，小院陋室，积木一样垒在黄河大堤上。石磨石碾，石夯石砘，零落散见于街头，百年的老树，颓废的老屋，荒凉的家园，昭示着岁月的沧桑。老村前面，芦苇丛生，港汊纵横，相传是古老的运河。当年京杭运河从这里过境，横穿黄河，又逶迤北上阳谷台前张秋，坚定不移地奔向

元之大都。

从百年老屋到当代建筑物，能体现不同年代特点的代表性元素清晰鲜明，废弃的石磨、石夯、砘子等农具随处可见，路那里老村布局保存也算是完整的。目前保存较完整的四合院式民居有 20 多院，既富有乡土气息，又含有文化韵味，是我国北方并不多见的乡村民居遗存。

路那里村古时为清水河的一个渡口，建有长 10 米、宽 5 米的渡仙桥，为周边郓城等地通往济南府的必经之路。后来，因河患洪灾，渡仙桥被洪水冲毁，但是建桥时所立石碑尚存，碑文显示为民国十八年（1929 年）建造，现坐落于路那里村中心位置。路那里村位于古京杭运河西岸，曾建有码头一处，运河故事广为流传。1947 年，刘邓大军渡黄河，杨勇率部在国那里、路那里附近横渡黄河。据村里老人回忆，当时群众用渔船、粮囤、旧门板等物品搭建浮桥送部队渡河。

他们是一群**匠人，**

用一双手坚守着那份传承。

他们，耐得住寂寞，

日复一日伏案创作。

他们骨子里蕴含着劳动人民的**智慧。**

他们一辈子，**只为做好一件事。**

第六章

非遗，我们的遗传密码

祭孔，世界祭祀史上的奇迹

扶摇

每年农历八月二十七日，在济宁曲阜孔庙都会举行一场大型的祭祀仪式——祭孔大典，祭祀中国古代伟大思想家、教育家、儒家学派创始人孔子，这种祭祀持续两千多年从未间断，在古代被称作“国之大典”，是世界祭祀史、人类文化史上的奇迹。

祭孔活动可追溯到前478年，孔子卒后第二年，鲁哀公将孔子故宅辟为寿堂祭祀孔子，孔子故居成为世界上第一座孔庙。孔子后代及弟子以其故宅为家庙，岁时奉祀，是谓“家祭”。

汉高祖十二年（前195年），刘邦到曲阜以“太牢”祭祀孔子，封孔子九代孙孔腾为“奉祀君”，开国家祭孔活动先河。汉武帝罢黜百家、独尊儒术后，各地纷纷建孔庙，直至达到县县有孔庙的盛况，孔庙逐渐演变成封建朝廷祭祀孔子的礼制庙宇。

自唐玄宗于开元二十七年（739年）封孔子为“文宣王”后，祭祀孔子的活动开始升格。宋代祭祀制度扶摇直上，明代已达到帝王规格，至清代，祭祀孔子更是隆重盛大，达到了顶峰，仅乾隆皇帝一人就先后8次亲临曲阜拜谒孔子。

1986年，祭孔大典经曲阜市文化部门挖掘整理，在纪念孔子诞辰日（9月28日）表演。2004年，孔子文化节孔庙祭孔大典首次由民间祭孔活动转变为官方公祭活动。

祭祀孔子的典礼称为“奠礼”。释奠是古代孔庙祭礼中规格最高的一种。曲阜孔庙举行释奠礼，除由皇帝亲临或御遣钦差外，例由衍圣公主祭孔子、四配，属官分祭十二哲、先贤、先儒、启圣祠、崇圣祠、寝殿、家庙等。释、奠都有陈设、呈献的意思，指在祭典中，陈设音乐、舞蹈，并且呈献牲、酒等祭品，对孔子表示崇敬之意。

祭孔大典中的乐舞表演，继承了上古时代汉民族祭祀天地和庆祝丰收与战功的原始舞蹈形式，是集乐、歌、舞、礼为一体的庙堂祭祀乐舞，有“闻乐知德，观舞澄心，识礼明仁，礼正乐垂，中和位育”之谓，是唯一保留下来的汉民族舞蹈，自古以来具有巨大的文化和艺术价值。

祭孔大典主要包括乐、歌、舞、礼四种形式，乐、歌、舞都是紧紧围绕礼仪而进行的，所有礼仪要求“必丰、必洁、必诚、必敬”。大典用音乐、舞蹈等集中表现了儒家思想文化，体现了艺术形式与政治内容的高度统一，形象地阐释了孔子学说中“礼”的涵义，表达了“仁者爱人”“以礼立人”的思想，具有较强的思想亲和力、精神凝聚力和艺术感染力。

祭孔的最重要议程是三献礼，主祭人要先整衣冠、洗手后才能到孔子香案前上香鞠躬，鞠躬作揖时男的要左手在前右手在后，女的要右手在前左手在后。所谓三献，分初献、亚献和终献。

初献帛爵，帛是黄色的丝绸，爵指仿古的酒杯，由正献官将帛爵供奉到香案

后，主祭人宣读并供奉祭文，而后全体参祭人员对孔子像五鞠躬，齐诵《孔子赞》。亚献和终献都是献香献酒，分别由亚献官和终献官将香和酒供奉在香案上，程序和初献相当。

2500年来，由于对孔子尊崇的逐步提升，祭祀逐步演变为中国最高规格的祭祀仪式。该仪式通过历代孔子嫡系后裔和仪式主持者“赞礼生”的口传心授，历代传承。

如今的曲阜祭孔大典共分为明故城开城仪式、孔庙开庙仪式、现代公祭和传统祭祀四个部分，在音乐、舞蹈和服饰等方面都有了新的发展。

在音乐方面，在原有乐谱的基础上，重新制作了开城、祭孔音乐，引入了交响乐、合唱乐团的表现形式，意在达到磅礴大气、震撼人心的艺术效果。舞蹈方面，大典参照《中国历代孔庙雅乐》等有关文献图谱，对祭孔乐舞进行了重新编排，使其更具感染力。

演出使用的明代服装和道具经过重新设计制作，准确体现了明代祭孔的规模和盛况，更加古朴、庄严、凝重，展现了“千古礼乐归东鲁、万古衣冠拜素王”的盛况。

梁祝化蝶

为何化的不是比翼鸟

孤独

很小的时候，每每遇见成对儿飞舞的蝴蝶，姐姐总会跟我说“它们肯定是梁山伯和祝英台变的”。那时的我，还不知道梁山伯和祝英台是谁，也不明白人为什么要变成蝴蝶。

情窦初开的年纪，梁山伯和祝英台的爱情故事，让我看到了爱情凄美的一面，俗世牵绊太多，相爱的人未必能够终成眷属。于是，蝴蝶在我的眼中，变成了凄美爱情的化身。

生不能同寝的梁祝，死后化成蝴蝶翩翩起舞，一舞就是千百年，舞倦了，他们就歇在人们的心海里，唤醒人们内心的悲情和怜惜。

中国文化赋予蝴蝶特殊的文化内涵，这一现象的源头，应该就是庄周梦蝶的故事。庄周梦见自己变成了一只蝴蝶，快乐而悠然地翩翩起舞，根本不知道自己原来是庄周。等到庄周醒了，发现自己是庄周，并不是蝴蝶。他忽然觉得有点懵，不知道是自己梦见变成了蝴蝶，还是蝴蝶做梦梦见变成了自己。

自此，蝴蝶便成了自由自在的象征。庄周的蝴蝶也飞落在后世读书人的诗中，其中最著名的莫过于李商隐的《锦瑟》。

锦瑟无端五十弦，一弦一柱思华年。
庄生晓梦迷蝴蝶，望帝春心托杜鹃。
沧海月明珠有泪，蓝田日暖玉生烟。
此情可待成追忆，只是当时已惘然。

李商隐擅长写爱情诗，他直接将庄周梦蝶的典故，写成“庄生晓梦迷蝴蝶”的名句，于是庄周的蝴蝶在他的诗里就有了爱情的象征意义。

有意思的是，中国文化中象征爱情的东西有很多，比如并蒂莲、红豆、连理枝、鸳鸯和比翼鸟。更有意思的是，南京大学2017年自主招生笔试考题里就有这样一题：“梁祝化蝶的故事里，为什么梁山伯与祝英台会化成蝴蝶，而不是比翼鸟或者连理枝？”

这个题目，很自然让人想起白居易《长恨歌》里的名句：“在天愿作比翼鸟，在地愿为连理枝。天长地久有时尽，此恨绵绵无绝期。”比翼鸟和连理枝，也是古诗中爱情的象征。

先说一下连理枝。连理枝是指两棵树的枝干合生在一起，又称相思树、夫妻树、生死树，比喻夫妻恩爱。连理枝形成的原因很简单，如果两棵树在有风的天气里，树干互相摩擦，把树皮磨光了，到无风的时候，两条树枝挨近，树枝的形成层密接在一起，增生的新细胞，就会逐渐长在一起。古人从连理枝形成的过程中，领会并创造了人工嫁接的方法。连理枝是一种自然现象，用于神话传说有点牵强。

另外，连理枝还有另一种形态，这种形态有着自己的爱情传说：战国时期宋国商丘的韩凭夫妇被宋康王拆散后双双自尽，他们的坟墓上长出两棵大梓树相互缠绕，成为连理枝。既然这种形态的连理枝已经在其他传说中存在了，梁祝的坟上再长出连理枝就有“抄袭”之嫌了。

比翼鸟又名鹣鹣、蛮蛮，是中国古代传说中的鸟名。此鸟仅一目一翼，雌雄须并翼飞行，因此常被人比喻恩爱夫妻。从审美角度来说，一只眼睛一只翅膀的鸟儿，怎么想都不美观。另外，比翼鸟在中国文化中的吉祥寓意是大团圆、夫妻和美、不离不弃的象征，这与梁祝生前不能在一起的悲剧不相符，如果化成了比翼鸟就会减少梁祝传说的悲情色彩，降低了传说的感染力和传播力。

相对于自然现象中的连理枝和传说中的比翼鸟，蝴蝶比较常见，却也带着梦幻凄迷的色彩，用“梁祝化作双飞蝶”来给梁祝故事结尾，更加能显示出梁祝追求自由、爱情的勇气，也忠实地反映了他们现实中终究没能在一起的凄美。

Tips

梁祝

梁祝传说是一则凄婉动人的爱情故事，与《孟姜女》《牛郎织女》《白蛇传》并称中国古代四大民间传说，是中华文化的瑰宝，是中国民间文学艺术之林中的一朵奇葩。2006年入选第一批国家级非物质文化遗产名录。济宁临城峰山的梁祝读书洞，传说就是梁山伯与祝英台当年读书的地方。

乡野里吹出来的艺术瑰宝

青云

“只有把唢呐吹到骨头缝里的人，才能拼着命把唢呐传承下去。”电影《百鸟朝凤》讲诉了匠人对传统文化的坚守，与影片中“焦三爷”相似的是，将唢呐曲《百鸟朝凤》推向世界音乐舞台的“中国唢呐王”任同祥也是来自于民间。出生于济宁市嘉祥县农村一个唢呐世家的他，其故乡济宁市从西至东分为鲁西南鼓吹（嘉祥）、平派鼓吹（邹城）两大流派，均被列入国家非物质文化遗产名录，它们各有各的亮点，各有各的特色。

鲁西南鼓吹乐是山东鼓吹乐的重要流派，于2006年被国务院批准列入第一批国家级非物质文化遗产名录。其最早的史料记录，始于建造于东汉末年的武氏祠内的画像刻石上，六块石刻淋漓尽致地体现了当时鼓吹乐舞曲的场面。明万历十年（1582年），以吹奏唢呐誉满京城的乐师赵庭音随户部员外郎张纶来嘉祥大张楼于庙定居，赵庭音办学亲授，使嘉祥的唢呐艺术有了较大发展。这一时期，唢呐成为鲁西南鼓吹乐的主奏乐器，并流传至今。

在嘉祥县，几乎每个乡镇都有三至五个鼓吹乐班，村村都有鼓吹乐演奏人员，演奏队伍多则数十人，少则三五人。小型队伍以吹为主，以技巧见长，风格细腻，多演奏小曲儿，自由加花，即兴演奏；大型演奏队伍以演奏祭祀套曲为主，打击乐比例偏多，古朴庄重。在同传统民俗结合的同时，鲁西南鼓吹乐保持了其独特的灵活性和多样性，作为一种普及面较广的民间艺术，已由单纯的婚丧嫁娶，逐步扩展渗透到大型节日联欢、开业庆典、丰收喜庆等场合，并多次参加国家、省、市举办的音乐汇演等文化活动，其社会功用性得到了极大发挥。

鲁西南鼓吹乐是全国较早以唢呐为主奏乐器的民间鼓吹乐乐种，曲目十分丰富，大体可分为传统小曲、传统套曲、戏曲曲牌、咔戏、新创编曲目几类。目前挖掘整理出传统曲目200余首，代表性曲目有《百鸟朝凤》《拜鼓曲》《五字开门》《落子》《抬花轿》《婚礼曲》《一枝花》等。新中国成立后，嘉祥涌现出一批著名唢呐演奏家，任同祥、曹瑞启曾多次为党和国家领导人做专场演出，使中国唢呐艺术蜚声海外，奠定了嘉祥唢呐艺术及鲁西南鼓吹乐这一民间乐种在中国音乐艺术界的历史地位。

与鲁西南鼓吹乐不同的是，繁衍生息在被人们誉为“孔孟桑梓之邦，文化发祥之地”邹城的平派鼓吹乐之所以称为“平派”艺术，主要是演奏时以铜杆唢呐为主，以“平调”为主调，在演奏风格上有“平如行云流水，稳似泰山青松”的特点，平和、轻柔、婉转细腻，于平中见奇、稳重善变、刚柔相济、扣人心弦。

自明朝洪武年间唢呐从山西传到邹城，其演奏风格逐渐受到儒家文化和当地风俗的影响，被用于生活娱乐、民俗活动，逐渐形成了具有当地特色的鼓吹乐特点。相比于木杆或锡杆唢呐，杆细碗小的铜杆唢呐，声音更为高亢亮丽，高低音区回转自如，情绪表现对比鲜明，让听众有酣畅淋漓之感。

平派鼓吹乐作为邹城当地具有代表性的民间艺术，于 2006 年被列入第一批国家级非物质文化遗产，含蓄内敛、形象生动的吹奏风格得到人们普遍喜爱。其演奏的传统曲目有《哭长城》《集贤宾》《夜看人》《哭五更》《十样景》《绞句子》《火烧葡萄架》等作品近百部，对研究民风民俗的发展与演变，具有一定的参考价值。

Tips

唢呐

中国民族吹管乐器的一种，也是中国各地广泛流传的民间乐器。

唢呐的音色明亮，音量大，管身木制，呈圆锥形，上端装有带哨子的铜管，下端套着一个铜制的喇叭口（称作碗），所以俗称喇叭。在台湾民间称为鼓吹，在广东地区又被称为嘀嗒。

鲁班发明 刷爆工匠朋友圈

问天

朋友送了我一个鲁班锁，简单的几块木头拼接成的，把玩了好久也没搞懂，深刻了解了“难人木”这一名字的由来。到图书馆找来一本写鲁班的书，想探探这一玩具的究竟，厚厚的一本泛黄的书，翻着翻着我竟仿佛穿越到了两千多年前的春秋时期。

不对，我真的到了春秋时期，虽然不知道为什么，但是意识告诉我，我正在鲁国的一处手工业作坊内，但我不是工匠，而是“鲁班大师”微信公众号的小编。我身边都是穿着古代服饰的手工艺人，他们用笨拙的工具从事着各种劳动，唯一与历史常识违背的是，他们像现代人一样，用手机联系，有微信，也爱发朋友圈。

我觉得有必要交代一下我所处的环境：春秋时期，具有专门技艺的工匠和手工业作坊都掌握在官府手中，也就是所谓的“工商食官”，管理这些工匠的人被称为“匠师”，我负责维护的“鲁班大师”微信公众号，主要发布“匠师”公输般的各种发明成果，受众群是各国的工匠们。

公输般，字若，春秋末期鲁国人。因“般”和“班”同音通假，故亦称鲁班。他出身于世代工匠家庭，是鲁国著名的能工巧匠。

在做背景介绍的同时，我跟随作坊里的工匠们来到一片树林里，因为鲁国国君要建一座豪华的宫殿，这个任务自然交给了技艺出众的鲁班。建造宫殿需要很多木料，木匠用斧子砍半天才砍倒一棵树，鲁班心里着急，一边招呼木匠们快干，一边自己也抡起斧子砍树。“师傅当心！”正当我分心的时候，鲁班一脚踩空，顺着山坡滑了下去，他不断地用

双手抓身边的野草，好不容易才停住，可是他的手被草划破了。

当众人要过来搀扶他的时候，他却拔起一棵草仔细端详起来，这种草的叶片上布满了细密的刺，像是一排牙齿，正是这些“牙齿”把他的手划破了。他说：“要是在更坚硬的东西上打出这样一排小“牙齿”，不就能划破树吗？”

说完，鲁班跑回作坊，在铁片上打出一排小齿，经过多次调整，这个铁片真的能把木材划破。鲁班的新发明“锯”问世！我赶紧用手机将这一重大消息发布出来，还配上了木匠用锯伐木的图片。不出所料，这篇推文迅速刷爆了工匠们的朋友圈，点击量瞬间“10万+”，铁匠们纷纷根据推文内容仿造出了锯，晒到朋友圈里；木匠用锯伐木的越来越多。一时间，“锯”成了社会各界的热点话题。

时光飞逝，鲁班的发明越来越多：曲尺、墨斗、石磨、木人木马、风箱、船、鲁班锁、云梯、钩强、飞鸟……涉及木工、建筑、生活用具、军事科学和航天等各个领域，前无古人、后启来者。我也越来越忙，一篇篇推文不断刷爆工匠们的朋友圈，改进了匠人们的工作方式，也改变了人们的生活。

“喂，快醒醒，我们要闭馆了！”正在埋头编辑推文的我，忽然被推了一下，抬头一看，鲁班消失了，匠人们消失了，推文也消失了。我身处图书馆中，分不清是南柯一梦，还是刚才真的穿越了。

后来，我翻了很多史书，最早记载鲁班事迹的是《墨子》，在《礼记 · 檀弓》《风俗通义》《水经注》《述异记》《酉阳杂俎》以及一些笔记和方志中也能见到他的影子，但是都不详尽，那些我神游物外时发送的推文在正史中也难觅踪迹。说来也是，鲁班只不过是一个匠人，他的创造未必符合当时的礼仪制度，也就被知识阶层和社会主流所忽略。

庆幸的是，我发送的那些推文没有消失在历史的烟尘中，而是经世世代代的人们口口相传，流传至今，成为正史之外的另一种历史。在流传的过程中，人们将鲁班赋予更加传奇的色彩，甚至将他“神化”来寄托自己的愿望和诉求，因此历代工匠都尊称鲁班为鲁班仙师、公输先师、巧圣先师、鲁班爷、鲁班公、鲁班圣祖、鲁班祖师等。直到今天，木工、石工、泥瓦工等行业都将鲁班奉为祖师，尊为“工圣”。

2008年6月7日，鲁班传说经国务院批准列入第二批国家级非物质文化遗产名录。

Tips

鲁班

春秋时期鲁国人，姬姓，公输氏，名班，人称公输盘、公输般、班输，尊称公输子，又称鲁盘或者鲁般，惯称“鲁班”。2000多年来，人们把古代劳动人民的集体创造和发明都集中到他的身上，因此，有关他的故事，实际上是中国古代劳动人民发明创造的故事。

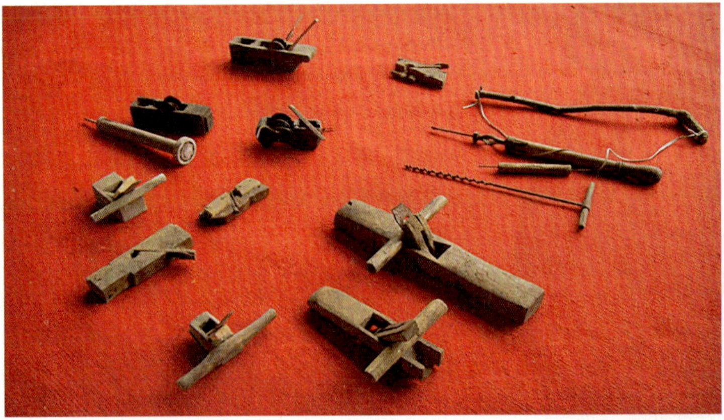

楷木雕刻：曲阜独有，别无二家

晚晴

公元前479年，夏初，阳光透过还不太茂密的枝叶照在地上，映出稀疏的光影，光影随风摇曳着，黯淡无光。清脆的鸟叫声听起来呜呜咽咽的，悲凉哀婉。这一天，中国古代著名思想家、教育家孔子去世了。

孔子死后葬在了泗水之上，孔门弟子闻讯后纷纷来奔丧，并从家乡带来各种名贵树种种在孔子墓周围，孔子的得意弟子子贡也从南方的卫国带来一种树种在孔子墓前。联想到老师的高风亮节、博学善教，子贡便将自己带来的树起名为楷树。

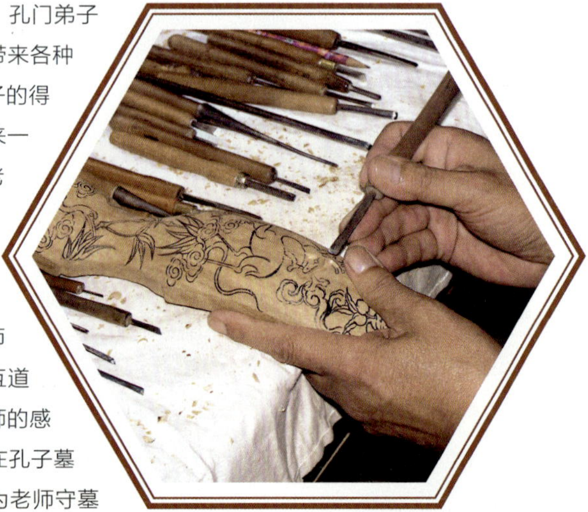

当时，弟子们约定为老师服丧三年。三年之后，大家相互道别，各自离去。因为子贡对老师的感情太深了，迟迟不愿离去，便在孔子墓旁搭了一间小屋子住下，继续为老师守墓三年才离去。

日久天长，子贡种下的楷树长成了参天大树，但是他对恩师的思念却越来越浓。为了报老师教诲之恩，子贡便用楷木雕刻了老师孔子和师母亓官氏两尊圆雕坐像。他的雕刻刀法古朴浑厚，造型端庄肃穆，由此开创了一种新的木雕形式——楷木雕刻。

《说文解字》记载：“楷，木也，孔子冢盖树之者。”《清一统志》又载：“楷木出曲阜县孔林，文如贯线，有纵有横，可以为杖。”据此，有一种说法是：这一原本生长于南方的树种，在南方叫黄连木；种在曲阜孔林之后，便被称为“楷木”。也就是说，楷木是曲阜孔林中所特有的树，楷木雕刻便成为曲阜独有的一种艺术。

楷木有雌雄之分，雄树质地坚硬、纹理明显，带有黑

Tips

“楷模”由来

南宋人孙奕在其所编著的《履斋示儿编》一书的卷十三中说：“孔子冢上生楷，周公冢上生模，故后世人以为楷模。”意思是，孔子坟旁的树叫做楷树，周公坟旁的树叫做模树，后世人们常把楷木和模木合称为楷模，用来统称那些品德高尚、受人欢迎、可为师表的榜样人物。

筋，不适合细雕，可雕刻一些简易手杖或线条粗犷的动物。雌树质地比较松软，适合精雕细刻，可以达到玲珑剔透、纹如发丝而不断的程度。

从子贡雕刻老师和师母坐像距今，已经2400多年，楷木雕刻经历代艺人们的辛苦创造形成了独特的艺术风格，雕刻的作品也由原来的“寿杖”“如意”几个品种，发展为孔子像、各种人物、花鸟走兽和文具等近百个品种。2008年，楷木雕刻技艺被列入国家级非物质文化遗产名录。

在代表性传承人褚德胜的工作室里，摆满了各种各样的楷木雕刻作品，《百福如意》是楷雕里面最著名的镂空技法的极致表现；《天下第一福》采用浮雕技法、层次分明、做工精湛，字中精雕的八只蝙蝠与福字完美融合；就连传统的手杖，如今也可以雕刻上龙纹、八仙、花鸟等多种题材。楷木雕刻在传承人的努力下，表现出顽强的艺术生命力和勃勃生机。

嘉祥石雕

石破天惊

丽雯

自古嘉祥“家家闻锤响，户户操钎忙”。千百年来，嘉祥凭借独特的地理优势、人民的智慧与勤劳，一直屹立在中国石雕文化的巅峰。嘉祥石雕是中国雕刻艺术之一，因山东省嘉祥县产的石雕造型好质量高而形成了一个集群，名曰“嘉祥石雕”。2008年，嘉祥石雕入选第二批国家级非物质文化遗产名录。

刚刚进入这座县城的边缘，“走进嘉祥·幸福吉祥”的欢迎标语映入眼帘。走进石雕产业园，犹如走进了艺术的殿堂：路旁的石狮子叱咤威严；桥头的石麒麟扬蹄飞奔；维纳斯姿态优雅；弥勒佛笑容可掬。龙亭凤柱，琼楼玉阁，处处都是闪耀着艺术生命力的石雕精品。据了解，嘉祥县是吉祥文化、孝文化的发源地，因春秋时期鲁哀公在此地获一吉祥神兽——麒麟，取嘉美祥瑞之意而得名，故有“走进嘉祥，幸福吉祥”之说。

嘉祥被称为“中国石雕之乡”，天青石是嘉祥石头雕刻的代表原料，辅以大理石、花岗石、汉白玉等石料，选料考究、

做工精细、品种繁多。产品除传统的石狮、麒麟、石碑、石桌之外，目前主要以龙亭龙柱、大型牌坊为主，形成了传统雕刻和现代雕刻两个大类、十大系列、近千个品种。

嘉祥石雕具有典型的中国北派石雕艺术风格，庄重威严，古朴浑厚，线条刚直简洁，造型凝重端庄，与南派精雕细刻、纤巧灵动的艺术风格各异其趣，成为中国石雕艺术的两大流派。

嘉祥雕刻的石狮大部分为坐狮，双目圆睁，大鼻阔

口，胸肌突起，前肢和足爪刻划得特别坚实粗大，把狮子雄健的形象加以有力的夸张，强劲有力，气势慑人。石麒麟鳞甲宛然天成，工艺细致精湛，行走姿态的麒麟安祥端庄，步姿沉雄有力，飞奔姿态的麒麟四蹄飞腾，似欲跃空而去，极具动态美。石牌坊则巍峨宏伟、精致秀丽，以雕工精美著称。近年来，嘉祥又创作了大批现代风格的石雕作品，多选用汉白玉、芙蓉红等石料，格调清新明快，富有灵趣。

嘉祥石雕承继汉代石刻艺术之遗韵，述古纳新，继往开来，经过近年来的快速发展，已茁壮成长为一棵参天大树。愿这棵大树四季常青，枝繁叶茂，以它独特的风姿和神韵永远屹立于中国民族艺术之林。

72道工序 织就“锦”绣前程

刘小小

> **鲁锦是嘉祥人民所说的棉织花布（粗布），因织工精细、绚丽多彩，极似织锦。**

俗话说，人生在世吃穿二字，在济宁嘉祥县生活过的人都有过这样的记忆，小时候在奶奶“嗡嗡”的纺车声中入眠，在母亲“哐哐”的织布声中醒来。身上穿着粗布衣，床上铺着棉布单，温暖而舒适。不过，那个时候人们还管它叫“土布”“粗布”，现在我们叫它“鲁锦”。

鲁锦制造者采用传统的纺织工具和天然颜料，用娴熟的技艺织成，图样、花色繁多，品种逾千种。鲁锦的布局设计、纹路构图严密，图案绚丽多彩、古朴典雅，具有浓郁的乡土气息和鲜明的地方特色，现在已经成为名扬中外的手工艺品和生活用品。

唐代诗人李白、杜甫的“鲁人重织作，机杼鸣帘栊”和“齐纨鲁缟车班班，男耕女桑不相失”的诗句，描绘出唐代山东及鲁西南地区纺织业的盛况。

20 世纪 70 年代，鲁锦织造在嘉祥农村依然普遍，当地妇女人人擅长纺线织布，产品多为自用。据档案资料记载，嘉祥民间手工织机曾经达到一万四千多台，纺棉车十万多架，三四户就有一台织布机，每户就有两三架纺棉车，很多一家一户就能独立地进行纺、浆、经、刷、织等全套工序。

鲁锦的织造看似简单，其制作过程非常复杂。鲁锦从采棉纺线到上机织布，大大小小共 72 道工序，全部采用手工工艺，需要较高的技巧操作。鲁西南地区流传有《棉花段》歌谣，说的就是织布的工序。“奇溜嘎嗒去轧棉，一边出的是花种，一边出的是雪片。沙木弓，牛皮弦，腚沟夹个柳芭橡，枣木槌子旋得溜溜圆，弹得棉花朴然然。拿梃子，搬案板，搓得布绩细又圆。好使的车子八根齿，好使的锭子两头尖，纺的穗子像鹅蛋。打车子打，线轴子穿，送到缸里染青蓝，浆线杆架着浆线椽。扽线棒棒拿在手，砰砰喳喳扽三遍。旋风子转，落子缠，经线姑娘两边站，织布就像坐花船，织出布来平展展，送到缸里染青蓝。粉子浆，棒槌掂，剪子铰，钢针钻，做了一件大布衫。虽说不是值钱货，七十二样都占全。十字大街站一站，让您夸夸俺的好手段。”由此可以看出，一幅织锦里蕴含着

多少繁杂的劳动。织好的布经晒干、拼接、捶平，制成床单、衣服等，才能真正应用到生活中。鲁锦织造的复杂工艺流程，也正是其魅力所在。

鲁锦图案纹样丰富多彩，寓意吉祥。嘉祥的农家妇女能以 22 种基本色线变幻出 1990 多种几何图案，让人叹为观止。织者的乐趣，也正在这随心所欲的千变万化之中。

鲁锦图案的意境，是依靠各种色线交织出各样的几何图形所体现出来的，而不是拘泥于具体的事物形象。如水纹包鱼眼纹样，点线结合象征鱼眼和水，具高度概括性；在寓意方面，鱼眼图案有着与黎族的蛙纹类似的多子祈福的含义。“八个盘子八个碗，满天的星星乱挤眼”，由合斗花纹组成盘、碗，蓝白二色交织出星辰，天上星星与人间共欢，既体现了婚宴的热闹，还记录了民间以八为上菜单位的习俗。

在民间有许多关于棉纺织的民谣至今广为传唱，如“月姥娘，黄巴巴，爹经线，娘纺花，小小子要吃妈（奶），拿刀子，割下来，挂在脖子上吃去吧。”这首童谣唱出了人们繁忙织布的情景。再如冬季纺织为避寒保湿而建的“地窨子”（也称“地屋”）等建筑习俗也与棉纺织有关。

古时，济宁嘉祥县一带是桑蚕之地，纺织技术十分成熟，为后来出现的棉纺织技艺奠定了坚实的基础。近年来，嘉祥县对鲁锦文化和技术做了大量挖掘、保护、开发工作，成立了一批鲁锦生产企业，结合传统工艺，融合先进生态染整技术，开发了一批新产品，先后出口 20 余个国家和地区，成为名扬中外的“中国鲁锦之乡”。

从粘土到琉璃的华丽转身

宝宝

济宁曲阜是国家历史文化名城，在这里，以孔府、孔庙、孔林为代表的古建筑群历史悠久，令人震撼，而古建筑的大规模兴建，离不开曲阜琉璃瓦制作技艺的不断进步和传承。

琉璃瓦一直是富丽堂皇的代名词，因材料坚固、色彩鲜艳、釉色光润，成为建筑陶瓷材料中流芳百世的骄子。它就像一位立于历史之外的长者，静静注视着一个个朝代的更迭。

1008 年，宋真宗追封周公姬旦为“文宪王”，下令在鲁故城中心荒废的鲁太庙旧址营建周公庙，同时扩建孔庙。为解决运输砖瓦的问题，朝廷下令把山西省洪洞县朱氏琉璃瓦的长支传人迁至曲阜与兖州之交的泗河之西，设窑烧制青砖青瓦和黄绿色的琉璃瓦。

明朝皇帝朱元璋特别崇儒，1370 年，他下诏再次扩建孔庙。为了解决曲阜东八宝山陶土的运输和琉璃瓦件的运输问题，令朱氏窑户由琉璃瓦厂迁至曲阜城西的兴隆庄（即现在的大庄村）。1512 年，明武宗特赐朱氏窑户为“曲阜裕盛公窑场”，专为曲阜的三孔和古建筑服务，每件大型脊吻兽件均盖“曲阜裕盛公窑场”的戳章。

1949 年，裕盛公窑场改建成立曲阜琉璃厂，延续至今。

在古代，由于朱氏家族的琉璃瓦烧制技艺受皇家御赐钦点，这项技艺一直秉持“父传子，子传孙，琉璃瓦不传外姓人”的家族性传承，成为曲

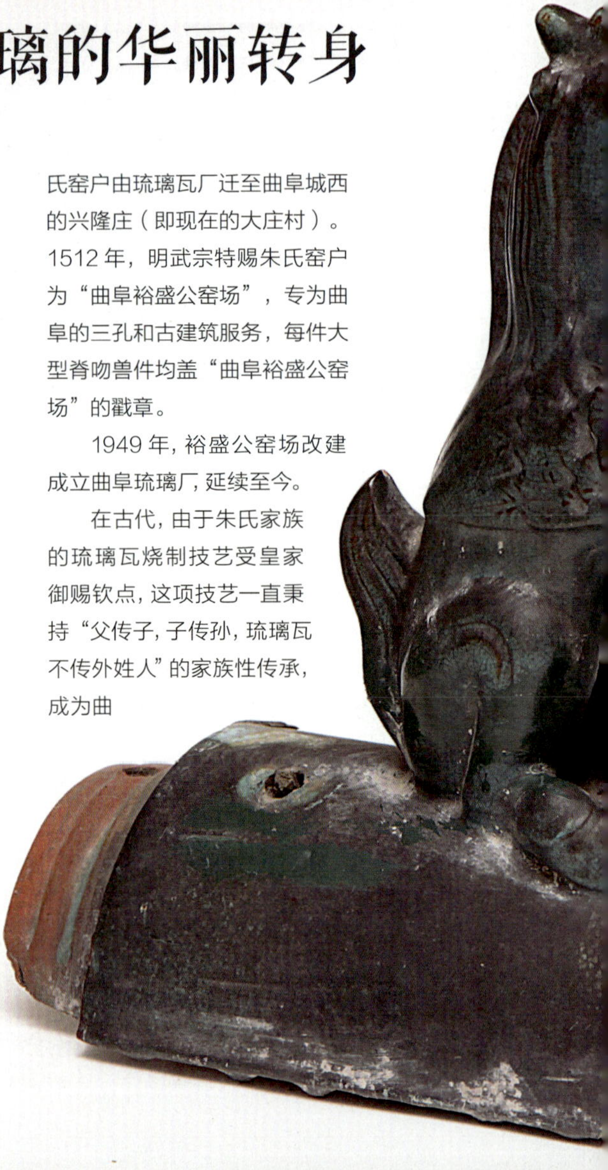

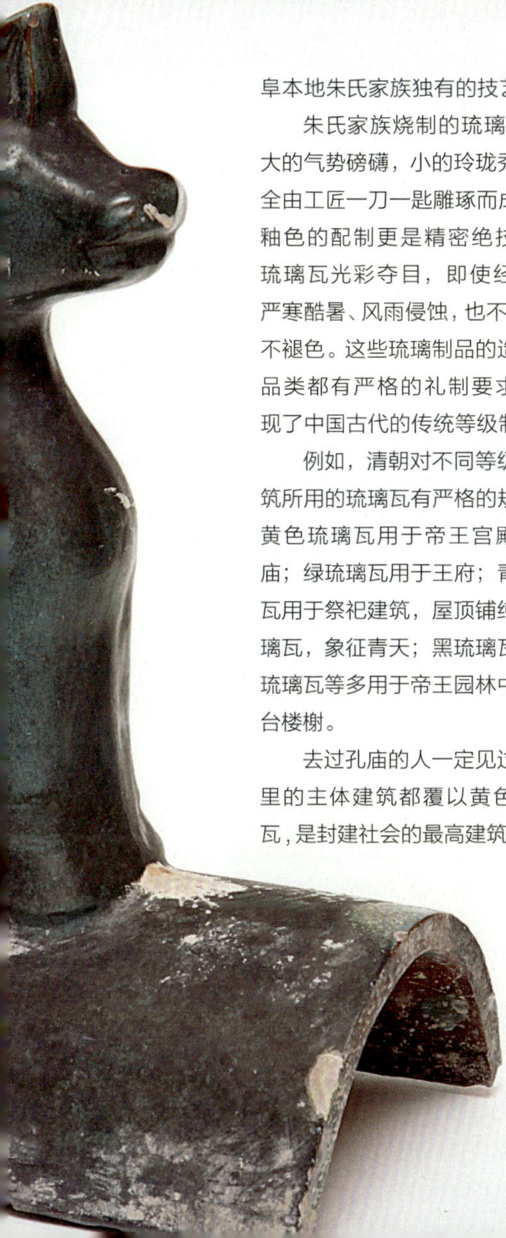

阜本地朱氏家族独有的技艺。

朱氏家族烧制的琉璃制品，大的气势磅礴，小的玲珑秀逸，全由工匠一刀一匙雕琢而成，其釉色的配制更是精密绝技，使琉璃瓦光彩夺目，即使经长年严寒酷暑、风雨侵蚀，也不脱釉、不褪色。这些琉璃制品的造型和品类都有严格的礼制要求，体现了中国古代的传统等级制度。

例如，清朝对不同等级的建筑所用的琉璃瓦有严格的规定：黄色琉璃瓦用于帝王宫殿、陵庙；绿琉璃瓦用于王府；青琉璃瓦用于祭祀建筑，屋顶铺纯青琉璃瓦，象征青天；黑琉璃瓦、紫琉璃瓦等多用于帝王园林中的亭台楼榭。

去过孔庙的人一定见过，这里的主体建筑都覆以黄色琉璃瓦，是封建社会的最高建筑规制。黄瓦飞采，让孔庙更显皇家气派。

在朝代的更迭中，很多朝代都下令在全国各地的州、府、县修建孔庙（文庙、夫子庙），然后将朱氏家族烧制琉璃瓦的匠人分派各地，琉璃瓦烧制的技艺在存续和发展过程中不断地传播到兖州、邹城、泗水、滕州等地区。改革开放以来，琉璃瓦制品随着孔子和儒学的复兴，逐渐传播到全国各地，进而出口到美国、日本、韩国、加拿大等国家。

如果你能听懂琉璃瓦这位长者的话，一定会知道，可以象征皇家威仪的它，此前也不过是曲阜八宝山上的一抔黏土，经过塑型、挂釉、色烧之后，才形成了如今多彩的琉璃瓦，它是古代劳动人民智慧的结晶，也是历史的见证者。

Tips

曲阜琉璃瓦

曲阜琉璃瓦制作技艺是用当地黏土塑型、挂釉，进而烧制的用于宫廷及庙堂装饰的多彩琉璃瓦当制造工艺，2014年成功入选国家级非物质文化遗产代表性项目。其系列品种主要有宝顶、大吻、屋兽人物、方脊、沟头滴水、连砖。琉璃艺术品有望君归、菊花、荷花、水草、松竹等，集宫廷建筑和庙堂建筑的富丽堂皇、庄重威严为一体，成为宫廷建筑和庙堂建筑的标志性特征。

山东梆子诉衷肠

✎ 锦平

小时候我们过的是慢生活，街坊邻里都很熟悉，小伙伴们还在一起玩耍，一串糖葫芦、一个悟空八戒的塑料面具就能高兴上一整天。小时候我们过的也是热热闹闹的生活，有大集，有庙会，还有大戏，有各种祖辈们世世代代传下来的杂耍手艺。

每逢奶奶家村头唱大戏，村里都是最热闹的。印象里，听大戏的人中，老年人是最多的，奶奶最爱听的要数山东梆子了，她常说："或许老一辈的人对听戏有更多的情怀，这里面唱的都是我们那个年代的故事。"

山东梆子是流行于山东省鲁西南及鲁中地区的传统地方戏曲剧种，又名"高调梆子"，简称"高调"或"高梆"。因其高昂激越的特点，被人称为"舍命梆子腔"。奶奶是个"梆子迷"，可能听戏的同时唤起的是她对记忆深处穷苦日子的回忆。老人听戏的同时也是街坊邻里唠唠家常的时间，"平时老街坊聚在一起的机会很少，在此机会可以增进感情。"

恰逢村里又架起了戏台子，送戏下乡正如火如荼地进行着，戏台上，50岁的蔡路正在演出，作为山东梆子国家二级演员，他出生于梨园世家，父亲、哥哥均为山东梆子表演艺术家，耳濡目染使他自幼从艺。蔡路回忆，他记事起就被大人们带着去村头听戏，当时并不懂得台子上花花绿绿的人唱着什么内容，记忆中留下最深刻印象的就是给长辈要上几分钱，去买点瓜子或者糖葫芦等零食。虽然现在长大了、变老了，但是记忆里一直都有小时候看大戏的那份热闹场景，商贩云集，大戏杂耍纷纷登场，艺人绝活各献所长，戏台上精彩的演出，引得父老乡亲们连连拍手称赞。

戏曲是在不断创新中发展的，在演出、教学时，都要不断地进行创新。蔡路不反对学生对剧目进行改革，更希望他们能够青出于蓝而胜于蓝。经典唱段之所以能够成为经典，除了要让人们不断熟知外，还要加以传诵，不断创新。

“学习山东梆子的人越来越少了，人们应该多关注山东梆子的发展，多鼓励年轻人来学，使山东梆子这一优秀的民族

文化遗产后继有人，永远流传下去。”随着社会科技飞速发展，电影、电视及网络的普及，人们的娱乐文化生活方式正在发生改变，中国传统的戏曲艺术受到极大的冲击，它正在逐步式微。

“坚守至今不为别的，就是想让喜欢梆子的人们还能听上一场原汁原味的山东梆子戏。”经过多年的努力，蔡路也从最初演一些小角色的普通演员成为山东梆子代表性传承人，他最大的心愿就是守住这门技艺，并将它发扬光大。

Tips

山东梆子

山东梆子是流行于山东省鲁西南及鲁中地区的传统地方戏曲剧种，简称“高调”或“高梆”，又因其高昂激越的特点，被人称为“舍命梆子腔”。以济宁、汶上为中心的，称为“汶上梆子”或“下路调”，总称“高调”，以区别于流行在鲁西南、冀南的“平调”。

忆古今

好一个『莲花落』

✎七喜

作为山东落子最年轻的嫡系传人，“落子张”张青敏16岁拜当时“落子王”代永庆为师，由于本身具备落子演唱天赋，又十分勤奋刻苦，深得师爱，尽得师传，很快就学有所成。学成后的张青敏开始行走江湖，常年活动于鲁西南、鲁南、皖北、苏北等地区，这一唱就是几十年。

山东落子是一种流传于山东的曲艺形式，由于其伴奏乐器为单页大钹，故名“咣咣书”，还因在演出时击钹打竹板，所以也叫“荷叶吊板”。

推究起山东落子的历史渊源的话，它应该演变自古代的莲花落、莲花乐，是以早期曲调中的衬词“落莲花”而得名，后简称为“落子”。人们不禁会问，为什么叫“莲花落”？你听，那调儿是不是像风中的莲花？悠悠颤颤，弱不禁风，落子里唱的都是家常生活，人间冷暖，它接地气，有泥土味。落腔，其实是乞丐讨街要饭唱的戏，古时乞丐行乞，都手拿棍子，捧着盘碗，站在人家门口，一唱三叹，以悲苦为主，多哭腔。

张青敏从小耳濡目染，接触到了山东落子，高中毕业后，他便拜师落子名家代永庆学艺，成为山东落子嫡系传人。艺成之后，他开始了独自外出

演出的的生活，他的表演不拘弦索，随性发挥，表现力强，尤其擅长一人多角的表演，角色转换自如。

上世纪90年代末，他做起了餐饮生意，由于热爱曲艺演唱，所以总会在茶余饭后抽时间为顾客演唱，张青敏的名气也随之越来越大。可他却觉得唱落子的人越来越少，为了不让这么悠久的曲艺失传，他选择用自家餐馆的收入为基础，自愿包吃包住收学徒，传授落子。“只要孩子有天赋，热爱这门艺术我就免费教他们，能把落子传承下去就好。”

张青敏在落子表演上集各曲种之长，取各派之精，对落子这一传统剧种不断改革创新。在唱法唱腔上，改过去四平八稳的轻口声落子为现在高平声落子，明确分出高音、低音、截音，突出连口、喝、断、词、疾唱法。张青敏勇于创新，创作出了新颖表现形式对口落子。

2008年，山东落子被列入第二批国家级非物质文化遗产名录，作为金乡县唯一的山东落子省级传承人，如今已经年过半百的张青敏如遇春天，更加坚定了将山东落子传承下去的信念，这既是源于他对山东落子的喜爱，也是他内心对落子这门艺术责任感的体现。

Tips

山东落子

山东落子是一种流传于山东省境内的传统戏曲艺术形式，它演变自古代的“莲花落”。落子乐器主要是大钹(俗曰咣咣)、竹板、节子，而不用弦乐。

第七章 这些节会让济宁走向世界

来到这座城，一声赞叹。

在这里，多少人物留下了动人故事，

让古老的城市平添了多种风韵，

因为，这里**承载了太多……**

一场儒学盛会 演绎文化传奇

宋华

闻弦歌而知雅意，一年一度的孔子文化节是济宁各项节会的压轴大戏。孔子文化节从一开始，就担起了弘扬以儒家思想为代表的优秀传统文化的重任。这不仅是一场文化盛宴，更是对“郁郁乎文哉”的文明盛象的具体呈现。

1984年9月，孔子诞辰2535周年，首届“孔子诞辰故里游”开幕，中国孔子基金会会长匡亚明、孔子第七十七代嫡孙女孔德懋参加开幕式，相关政府部门领导、各界专家学者和来自世界各国的嘉宾参加盛会，并欣赏了场面宏大的阙里古乐舞。

从最初的“孔子诞辰故里游”到今天的“孔子文化节”，变化的不只是名称，更是不断丰富的文化内涵和不断厚植的文化积淀。历届孔子文化节不断挖掘、整理和宣传儒家文化，展示了传统文化与现代文化交相辉映的时代特征，在促进中华民族文化复兴中发挥了重要作用。

祭孔大典是专门祭祀孔子的大型庙堂乐舞活动，是集乐、歌、舞、礼为一体的综合性艺术表演形式，是每年孔子文化节中最具特色，最具文化品味、感染力和影响力最强的核心活动。祭孔大典亦称“丁祭乐舞”或“大成乐舞”，所有礼仪要求“必丰、必洁、必诚、必敬”。祭孔大典主要包括举行开庙仪式、启户仪式，敬献花篮，乐舞告祭，恭读祭文，敬献鲜花等。大典用音乐、舞蹈等集中表现儒家思想文化，形象地阐释孔子学说中“礼”的涵义，表达“仁者爱人”“以礼立人”的思想，突出展现“千古礼乐归东鲁，万古衣冠拜素王”的盛况。

除了祭孔大典，孔子文化节还先后挖掘、整理、编创、演出了濒临失传的古代《祭孔乐舞》《箫韶乐舞》和《云门大卷》。2006年，《祭孔乐舞》被列为国家级非物质文化遗产。歌舞剧《孔子畅想曲》、舞乐诗《大同梦》等，以多种艺术形式再现并演绎了孔子思想和儒家文化。2010年，济宁市编排大型歌舞《杏坛儒风》，集中展示了济宁唢呐、琴书、渔鼓等一批非物质文化遗产。文化节前后还经常举办“孔子生平事迹展”“孔子七十二贤弟子画像石刻展”等活动。

诸如儒学国际学术讨论会、孔子诞辰纪念与学术讨论会、世界儒学大会等已成为孔子文化节的招牌学术会议。它们将世界儒学专家和研究成果统一

整合起来，使儒学研究与建设社会主义先进文化、孔子思想与当代社会实践、向世界介绍中国优秀传统文化和宣传当代先进文化相结合，推动了中国特色社会主义文化的发展和繁荣，巩固了孔子故里在儒学研究领域的话语权。

济宁以举办孔子文化节为契机和平台，注重将文化与旅游有机结合，务求二者互促并进，有力推动了文化旅游产业的快速发展。据统计，1989年以来历届孔子文化节期间，济宁累计接待中外来宾和各界人士数百万人次。与此同时，孔子文化节活动也不断外延，济宁借助和利用孔子文化节品牌举办各种展会活动，有力促进了会展经济的发展。山东文化产业博览会济宁会场、孔子文化节书画展等已成为全国知名的展会。

通过举办孔子文化节，济宁让外界更多地了解了当地崇文尚礼、诚信重义的地域品格，了解了济宁的资源禀赋和区位优势，了解了济宁良好的投资创业环境，为扩大开放招商引资创造了很好的条件。利用孔子文化节这一重要平台，济宁相继举办了海外联谊及经贸恳谈会、孔孟颜曾圣裔恳亲联谊活动、中外知名企业联谊及经贸恳谈会、世界儒商联谊及孔子文化节经贸合作洽谈会等系列经贸活动。

目前，已有51家世界500强企业落户济宁，“孔子文化”品牌已成为济宁对外经贸合作的一块金字招牌。

Tips

国际孔子文化节

曲阜市

每年9月27日–28日

有母若孟　厥子乃贤

✎ 离离

“有母若孟，厥子乃贤。有子若孟，母德著焉”，邹城是母教文化发源地，孟母“三迁择邻”“断杼教子”等典故世代传颂，不仅造就了一代“亚圣”孟子，更成就了孟母古代“四大贤母”之首的地位。

在源远流长的中国文化中，“胎教”的说法由来已久。据说周文王的母亲妊娠时，目不视恶色，耳不听淫声，口不出恶言；周成王的母亲怀孕期间，立而不跛，坐而不差，独居不倨，虽怒不骂。孟母听后深深体会到“胎教”的重要性，《韩诗外传》就载有她的一段话说：“吾怀妊是子，席不正不坐，割不正不食，胎教之也。”

孟子的母亲姓仉，父亲名叫孟激，字公宜，是一位怀才不遇的读书人，他为谋求更大的发展、光耀门楣，抛别娇妻稚子，远赴宋国游学求仕，三年后，带给孟母的却是身故他乡的噩耗。从此孤立无援的孟母开始了坎坷的人生旅途，她下定决心，要凭着自己的双手谋取衣食所需，更要以自己的力量，把儿子培养成为一个有用的人。

孟母教子的影响颇为深远，早在西汉时期韩婴的《韩诗外传》中，就用有关孟母的故事来解释诗义，刘向的《列女传》中，首次出现了“孟母”这个特指称谓。东汉女史学家班昭曾作《孟母颂》，西晋女文学家左芬也作过《孟母赞》。南宋时的启蒙课本《三字经》引证的第一个典故就是“昔孟母，择邻处。子不学，断机杼”，这一普及于封建社会后期的启蒙读物，虽经明、清学者陆续修订补充，而孟母三迁、断机教子的故事始终冠于篇首。

Tips

孟子故里（邹城）母亲文化节

邹城

5月15日

孟母三迁择邻、断织喻学、杀豚不欺子、阻儿休妻、劝儿远行等教子故事，体现了传统文化仁、义、礼、智、信的道德取向和修齐治平的治世情怀，成为后世广泛认同的母教典范。2006 年 12 月 13 日，中华母亲节促进会成立大会暨第一次全体会议在国家历史文化名城、孟子的诞生地——邹城召开，这场大会将孟母为代表的母亲文化固定为一种形式根植人心，把孟子诞辰日农历四月初二设为中华母亲节。

母促会成立后的第二年，邹城成功举办首届母亲文化节。此后，孟子故里母亲文化节每年定期举行，已连续十余届。每年母亲文化节期间，除了纪念孟母孟子活动和文化论坛外，组委会还组织各种富有邹城当地文化特色的节庆旅游活动，将文明热情的邹城形象全面呈现在中外游客面前。

可以说，母亲文化节以孟子、孟母文化为基础，在更大范围、更深层次上挖掘母教文化的思想内涵，传承中华传统美德。借助中华母亲节的影响和带动，邹城将加强对孟子思想、邹鲁文化等儒家思想的深入研究，进一步挖掘儒家文化的当代价值。

过年好

在“天下第一家”过大年

华妃

时间倒转回到很久以前，按照旧例，从腊月初一开始，每到晚上，孔府钟鼓齐鸣，上上下下便开始做过年的各种准备。作为“天下第一家”的孔府整个年俗活动完全按照古礼有序进行。腊月初八喝腊八粥，腊月十五点朝天灯，腊月二十三之前蒸壮，腊月二十三祭拜灶王爷，腊月二十四扫尘，贴春联、做年画、蒸花糕、大成殿祈福……

画面定格，孔府门前鼓声阵阵，舞狮欢腾跳跃，人们手中被塞了一把把祭祀圣果、糕点和灶糖，作为天下第一家的孔家，过大年非常隆重，从腊月初一到正月十五，这里都被浓浓的年味所笼罩。

孔府作为古代宗族代表，这种春节礼仪更是秉持了孔子诗礼传家的文化传统。孔府过年的年俗之所以保存最完整，这与中华民族的文化传承一脉相承。同时，在孔府档案里面，也详细记载了这种年俗的各种礼节、程序等相关内容，加之孔子后人通过一代代的言传身教将这种习俗传承至今。孔府过年最隆重的就是过年的祭祀活动，相比普通人家，孔府祭祀规格高，祭祀礼仪复杂，祭品更加丰盛。特别是初一早晨在孔庙进行的祭孔活动，完全遵循礼制，衍圣公率孔氏后人行三跪九叩大礼。

孔府过年比百姓人家更讲究，也多一份历史的厚重。**孔府春联不但要求纸墨精良，书写工整、漂亮，还要辞句典雅，内容多来自圣贤经典。现存《孔府档案》中，至今还保留着明代的门神印版和清乾隆二十四、二十五年(1759、1760)的春联底本。**春联底本详细记录了各门柱的春联联语，标明了春联的纸色、长度和宽度。

近年来，孔府开始组织一系列春节期间的活动，邀请游客一起过大年，让游客一起体验孔府的年俗活动，也是唤起大家对中国传统节日的情感，进一步弘扬我们的传统文化。

Tips

孔府过年

孔庙、孔府、颜府、曲阜迎宾馆

春节期间

在孔子故乡
聆听世界文明“交响曲”

刘郭

曲阜的尼山镇是济宁市首个全国特色小镇，过去的两千多年，尼山因为东方圣人孔子诞生于此而被世人所崇敬。进入 21 世纪，这里又因一个享誉海内外的国际文化交流盛宴——尼山世界文明论坛而受到全世界的关注。

2001 年，联合国发表了文化多样性宣言，率先提倡不同文明之间开展对话。尼山论坛正是在这样的世界背景下诞生的，2008 年，第九届、第十届全国人大常委会副委员长许嘉璐在孔子故乡曲阜，发起倡建以孔子诞生地尼山命名的“世界文明论坛”（简称“尼山论坛”）。

第一届尼山论坛 2010 年 9 月在尼山成功举办，以“和而不同与和谐世界”为主题，开展了儒家文明和基督教文明的第一次高层次对话。此后尼山论坛每两年举办一届。

2012 年，第二届尼山论坛在“和而不同与和谐世界：信仰 · 道德 · 尊重 · 友爱”的主题下，汇聚了来自世界五大洲 130 多位国内外嘉宾和专家

学者，共开展了 52 场学术活动，列席、旁听人员达 1.16 万人次，首次展示了文明对话的群众性和学术下移的魅力。到 2018 年，论坛已连续举办五届，并在巴黎、纽约等地举行了尼山世界文明论坛。

尼山论坛是推动文明间对话的建设性论坛。巴哈伊国际社团驻联合国办公室代表巴尼 · 杜加尔就认为，让不同民族、宗教的人们探讨共同的问题，并做出共同承诺，达成共识是尼山论坛的重要作用。因此，尼山论坛也被誉为世界文明对话交流的“博鳌论坛”。

而尼山论坛之成功，除了国内外各界文化学者的鼎力支持，也离不开孔子诞生人文圣地的“金字招牌”。但尼山的“圣”不仅于此，更因为这里是集中国古代文化教育大成的书院体制的开端之地，而开端者，正是孔子。

孔子晚年回到家乡删诗书、定礼乐、序周易，聚徒讲学，传授礼乐教化的先圣讲堂即后来的洙泗书院，以及滥觞于斯的书院体制，曾是儒家学子求学研习、修身悟道的圣地。曾坐落于尼山之上的尼山诞育书院，创建于元至元二年 (1336 年)，迄今已有 680 余年。到了现代，位于尼山东麓的尼山圣源书院，由国内外文化界知名学者和社会名流发起兴建，实行“民办公助，书院所有，独立运作，世代传承”机制，接续中华文化源头活水，集学术研究、交流和培训于一体。正是基于此，首届尼山论坛于洙泗之滨、尼山脚下的尼山圣源书院举行，这既是中国古老讲堂、书院文化的历史延续，又是中西方思想文化交流融汇的最佳平台，是尼山论坛区别于国内外诸多论坛的一个显著特点。

也正是尼山当地浓郁厚重的书院气息和书院气派，更加增强了尼山论坛的精神文化气质和思想学术内涵，也让中外学者们参加这一以学术性与民间性、国际性与开放性相结合为特色的国际文化学术交流活动时，更能体味孔子、柏拉图、亚里士多德等“轴心时期”中西方哲人在各自不同的讲堂、书院、学院，修编典籍、辩驳立论、著述育人的历史文化意蕴，也更能体现世界文明对话交流、融汇发展的精神特质。

Tips

尼山世界文明论坛

曲阜尼山圣境

9月26日

明月照尼山 九州唱团圆

✎ 星辰

中秋，三秋至此为半，正是一年中最有诗意的时节。对于东方圣城济宁曲阜来说，2018 年的中秋格外绚丽夺目——中央广播电视总台中秋晚会在这里精彩上演，搭建在孔子诞生地尼山的实景山水舞台，以穿越千年、贯通古今的浪漫意境，让全球观众充分感受到了东方圣城浓郁的历史文化气息，与孔孟之乡人民一同度过了一个别致而又难忘的中秋明月夜。

曲阜是孔子的故乡，文化底蕴深厚，中秋晚会和曲阜尼山优美的山水景色结合到一起，使晚会更具时代气息、文化气息。晚会沿袭以往实景山水、唯美大气、亲情浪漫的“全民秋晚”理念，更多地融入儒家文化元素和地方特色，通过篇章式结构、歌会的形态、全明星阵容、多种艺术形式和融媒体

等方面的辅助，在孔子儒家思想与现代文明和国际化背景之间找到契合点，继而深化中秋节亲情、团圆、思念乃至天下大同、和合文化的内涵。

整场晚会济宁元素、山东元素满场呈现。开幕前的《传奇中国节》直播节目中，极具济宁文化特色的楷木雕、剪纸、阴阳板、山东梆子、山东琴书、武术、孔府宴、全鱼宴等非遗特色项目悉数登场。演播室内景精心融入儒家文化符号，明清风格的桌椅、楷雕孔子像、楷雕如意、商周十贡、线装《论语》、《圣迹图》册页、尼山石雕、特色月饼等各色文创产品陈列其中，交相辉映。节目编排上，有出自《乐府诗集》孔子所作的《幽兰操》，有“给我半部《论语》，达则兼济天下……有朋自远方来，不亦乐乎……”的《踏月而来》，有《好汉歌》《海上明月》《国泰民安》等具有济宁特色、山东特色的节目。

晚会三大篇章“不舍昼夜”“悠悠我心”“大道之行”的串联，采取论语吟诵和孔府乐舞的方式呈现，成为了秋晚的重要组成部分。秋晚在获得巨大成功的同时，还创造了一项纪录，那就是除明星艺人之外的诵读、合唱、舞蹈、伴舞、摇滚乐等几乎全部基础性演出（除街舞外），全部由山东省、济宁市、曲阜市的高校和艺术院团等单位完成，共涉及约 2300 人，其中济宁曲阜约 2000 人。

2018 年央视春节联欢晚会分会场设在了济宁曲阜，让世人领略了这座文化之城的魅力。2018 年央视中秋晚会是中央广播电视总台组建后，面向全球推出的首个中秋晚会，也是“十九大”之后的第一个中秋晚会，这样国字号的大型演出在济宁、在曲阜尼山设立主会场，是济宁历史上的第一次，它的成功举办更充分展现了济宁市优秀传统文化的深厚底蕴和独特魅力。

你来我往 与邻为善

✎ 四方

德不孤，必有邻。在济宁，有一个光看名字就让人倍感温馨、温暖的节庆活动。那就是每年秋风送爽时，在任城区举办的一年一度的“运河之都邻居节”。它谱写了一曲曲邻里一家亲、和谐运河情的精彩篇章，为广大人民群众打造了一个只有开幕没有闭幕的文化盛宴。

作为山东省济宁市文化名城核心区，任城区历史资源丰富，文化底蕴深厚，形成了极具特色的“运河文化”。“运河之都邻居节”正是弘扬传承中华优秀传统文化，与时俱进，创新发展的全新文化实践。

每年，随着邻居节大幕徐徐拉开，人们纷纷走出家门，向邻居问一声好，与邻居握一次手，到邻居家串一次门，请邻居到家做一次客，为邻居做一件好事，拉近彼此距离，互识互信、守望相助，

构建“与邻为善、互助友爱、明礼诚信、和睦共处”的新型邻里关系，共同建设和谐温馨大家园。

“吃饺子喽！”每年的邻居节都保留一个传统节目——“百家饺子宴”。活动开始时，社区居民们就会围坐在桌子前，有的和面、有的擀皮，说着知心话，唠着邻里情。“我的儿女平常都不在家，幸亏有了这些好邻居，我的日子才没那么单调。”去年节庆时，张大爷就激动地说。

开通邻里微信、联欢会、茶话会、拍摄楼道全家福、发放邻里互助卡……每一届“运河之都邻居节”的主题活动都精心设计、特色鲜明，各街道镇、社区村积极组织开展丰富多彩的系列活动，包含邻里和、邻里乐、邻里助、邻里净、邻里学五项活动内容，这些丰富多彩的邻居节活动全部由居民群众自己组织、自发参与，活动形式多样、内容丰富多彩。

如今，“运河之都邻居节”已经走过了整整十二个年头。十二

年来，邻居节活动搭建了居民沟通的桥梁，成为居民自己的节日；十二年来，邻里互助、邻里和睦的动人故事播洒社区；十二年来，邻居节如文明之花愈加繁盛，成为全市一道亮丽的风景。如今，连续十二年成功举办的任城区“运河之都邻居节”，已成为全区人民的共同节日，成为弘扬中华传统美德的有效载体，成为增进新型邻里关系的有力抓手，成为任城区精神文明建设的重要品牌。

千金买屋，万金择邻。济宁市任城区运河之都邻居节绘就了邻里和谐浓浓乡情的优美画卷，凝聚起左邻右舍的“洪荒之力”，为建设和谐、大美城市奠定了坚实的基础。

Tips

任城区运河之都邻里节

济宁市任城区

每年9月

永远跟党走 文明任城
任城区第十二届运河之都邻居节
远亲不如近邻
社会和谐喜迎十九大
做文明市民

忠义传奇

在这里传扬

梁梁

水泊梁山

梁山

作为山东人，谁没听过几句山东快书？在我的记忆里，小时候听到的山东快书里讲的大都是英雄好汉的故事。而济宁梁山一带，正是好汉龙腾虎跃之地。上小学时，一部《水浒传》电视剧激荡起无数人的英雄梦；现如今，要想领略水浒好汉的那份豪情，必要登上梁山。或许每个人心里都有一种对英雄豪杰故事的向往，而梁山国际水浒文化节，恰好填补了这份缺失。

北宋末年，宋江广结天下英雄好汉，凭借梁山水泊天险，替天行道，除暴安良，声震天下。虽经八百多年历史沧桑，英雄好汉的踪迹仍历历在目。梁山是水浒文化的发源地和载体。凡读过《水浒传》的人，都会留下深刻的印象和记忆，而且影响了一代又一代的中国人。正如英译家杰克逊所言：“《水浒传》又一次证明人类灵魂的不可征服的不朽精神，这种精神贯穿着世界各国的人类历史。”在中国四大文学名著中，真正以书写农民起义和农民战争为中心内容、史诗般的古典现实主义的文学巨著，就是《水浒传》。这部文学作品的附着地就是梁山。梁山，汇聚了黄河文化和运河文化的精华，传承了中华文明和文化，是世界文化的重要组成部分和光彩照人的文学瑰宝。

水泊梁山是好汉聚义的大本营，是水浒旅游

线上的龙头。梁山风景区景点星罗棋布，梁山民风淳朴，武术表演、斗鸡、斗羊别具特色。梁山是中国武术四大发源地之一，把水浒旅游与中国武术结合起来，以武促旅，前景广阔。1993年，水泊梁山举办了首届国际水浒文化节。每年的梁山水浒文化节启幕时，四海宾朋就会云集水泊梁山，共同畅享一场水浒文化盛宴。

近年来，梁山更是大力实施水浒文化旅游带动战略，按照山上建设原真性水浒文化、山下体现相关性水浒文化、扩展延伸性水浒文化、挖掘演绎性水浒文化的总体思路，修复建设了忠义堂、靖忠庙、一关、二关、左右军寨等60余处水浒景观，再现了水浒山寨雄姿；打造了山南梁山泊、山北聚义湖两处共4000余亩的水面，再现了山水一体、烟波浩渺的水泊意境；实施了影视基地、法兴寺、抗战纪念馆等重点项目，开发了贾堌堆农家寨、林业采摘园、安民山景区等项目，搭建了全域旅游发展框架；

建设了水浒大酒店、富源大酒店、水浒酒文化体验馆等星级旅游宾馆、4A 级旅游景区，提升了旅游目的地档次与水平。

“水浒八百年，盛馐宴天下”。水浒文化节的举办折射出稳步发展中的梁山经济，而水浒文化节也成为助推梁山旅游和经济发展的中坚力量。节日主要展示水浒文物、水浒书籍、武文化、酒文化、水浒雕塑、水浒商标、水浒工艺礼品、水浒邮票、水浒书画楹联、水浒鲁锦、

水浒108好汉雕塑和孔子木雕等内容，是水浒文化的重要组成部分和体现，目的是弘扬水浒文化，打造旅游名城，共建和谐梁山，实现富民强县。

一座名山造就了一部名著，一部名著成就了一座名山。水泊梁山，因一部《水浒传》名扬天下。

Tips

梁山国际水浒文化节

山东省济宁市梁山县

每年9月16日

小蒜头立下汗马功劳

✎ 小从

大蒜是临沂兰陵的特产，大蒜也是济宁金乡的特产。两地的大蒜都不错，但如果非要分个高低的话，能让对方夸才叫真的好。从兰陵走出去的明星“草帽姐”就因为夸金乡大蒜好而“火”起来了。兰陵人都替金乡大蒜说话，金乡大蒜的好就不言而喻了。

世界大蒜看中国，中国大蒜看金乡。大家都说好的金乡大蒜到底好在哪儿呢？首先，金乡大蒜是山东省著名的土特产，在山东有着悠久的种植历史。它是在金乡特定的生态环境下，经过了长期的自然选择和人工培养而形成的特定品种。

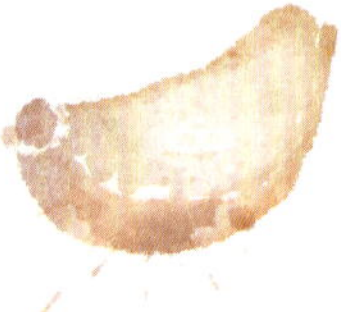

Tips

中国·金乡世界蒜都文化旅游节

山东省济宁市金乡县

每年6月18日

金乡大蒜头大瓣齐，皮薄如纸，洁白似玉，粘辣清香。它比普通大蒜富含更多的维生素、氨基酸、蛋白质、碳水化合物，大蒜素更比普通大蒜高出30%。大蒜素是细菌的强力杀手，对葡萄球菌和大肠杆菌等有抑制和杀灭效果，可以用来治疗细菌性癞疾、百日咳等疾病。相对来说有较高的营养价值和药用价值，因此在国内外享有盛誉。

经常吃金乡大蒜的好处是什么？研究证明，金乡大蒜是高血脂患者的福音，香肠、腊肉等高脂食物，吃了之后血液中的脂肪成倍上升。如果同时吃蒜，脂肪上升趋势会到受到遏制。资深人士说，吃蒜也要分步骤的：

第一步，生吃才杀菌。“金乡大蒜之所以有这么出色的功效，是因为它含有蒜氨酸和蒜酶这两种有效物质。”北京医院营养室营养师解释说，一旦把金乡大蒜碾碎，它们互相接触，就会形成大蒜素。大蒜素有很强的杀菌作用，但大蒜素遇热时会很快失去作用，所以吃生蒜要比熟蒜杀菌效果好。

第二步，捣碎，不要切碎。因此，如果想达到最好的保健效果，食用金乡大蒜最好捣碎成泥，而不是用刀切成蒜末。

先放 10—15 分钟，让蒜氨酸和蒜酶在空气中结合产生大蒜素后再食用。所以家庭里用蒜生拌凉菜，吃饺子时候用醋和少量芝麻油调的蒜泥都是很健康的吃法。

1982 年至 1986 年全国胃癌普查表明，大蒜产区金乡县的胃癌发病率为 3.4 / 10 万，是长江以北 10 万人口以上县、市中胃癌发病率最低的一个县。大蒜油可以杀死蚊子及某些农作物的害虫，对预防痢疾及乙型脑炎有奇效。金乡大蒜含有的 17 种可测氨基酸中，除胱氨酸外，其他 16 种均高于境外大蒜的含量。金乡大蒜蒜瓣所含的氨基酸总量比其他大蒜的含量高 39.2%，可供人体直接吸收的氨基酸比其他大蒜多 51.5%。

不得不说，大蒜还是金乡好。

小龙虾 大产业

小鱼台

听人说，夏夜里吃麻辣小龙虾是对小龙虾最基本的尊重，也最能安慰夏夜里躁动的胃。红亮的外壳，白嫩的虾肉，丝丝入味，香气四溢，还没碰到牙齿，嘴里的口水就流了出来。

从盘中夹出虾的时候，虾身上还裹着热辣的汤汁，全身红得耀眼，花椒、大料、芝麻的醇香直直地往鼻子里钻。颇为吃力地剥开虾壳，红油横飞，虾肉带着汁水脱壳而出，嗜辣的小伙伴忍不住吸吮起来，又麻又辣，椒香四溢。那种火一般的麻辣和浓郁的鲜香瞬间浸满全身，直达每一个毛孔。就着一瓶啤酒，人的每一根神经都兴奋起来。咬一口弹牙的虾肉，香辣入味，浓缩了鲜、香、麻、辣的汤汁盈满口中。占领口腔的同时，也占领了心脏。

可是，你知道吗，在济宁鱼台，就能吃到最为鲜香四溢的小龙虾。夏夜，在鱼台的任何一个地方，空气中到处氤氲着小龙虾的麻辣香味，随意走进一个地摊就能尝到鲜香滋味的小龙虾。知己好友相聚一桌，一大盆龙虾热气腾腾地上桌，气氛顿时就如同龙虾的颜色一样红火起来了，宾主红光满面，笑意盈盈。这个产业直接带火了山东鱼台的经济发展。

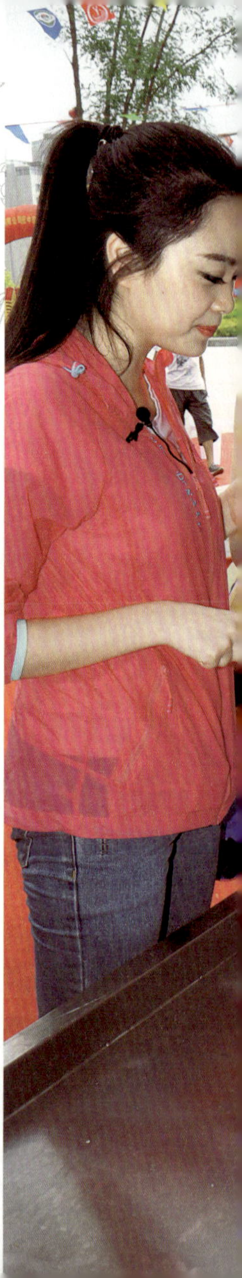

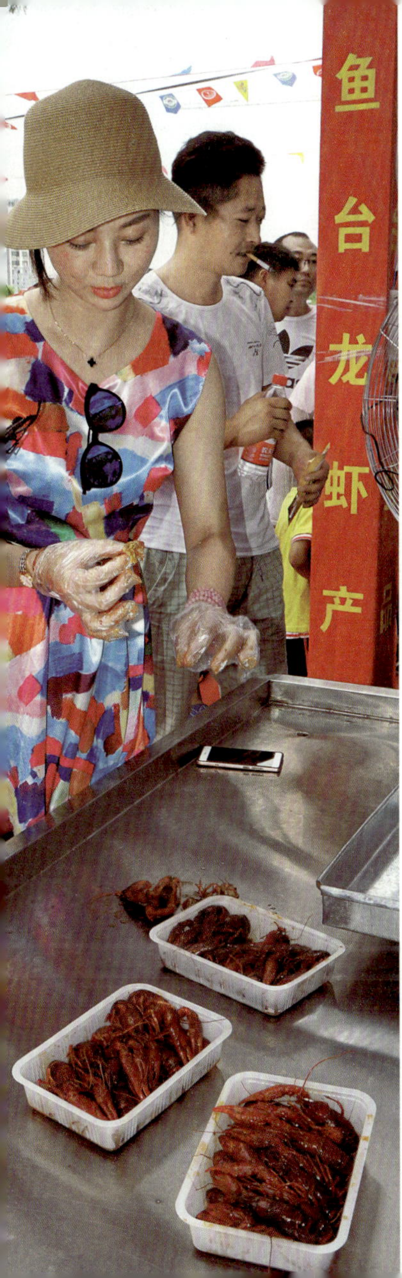

鱼台的早晨，村庄路口随处可见到收购龙虾的商贩，他们从这里把龙虾运到四面八方，天南海北。鱼台人吃龙虾也吃出了门道，养龙虾养出了经验。有水就有鱼的鱼台县，有鱼也就有了龙虾。鱼台，有吃的地方就会有龙虾的美味。

鱼台是济宁的一个县，在山东省的西南部，东濒中国北方最大的淡水湖——微山湖，素有“鱼米之乡、孝贤故里、滨湖水城”之美誉，优良的地理环境条件造就了“鱼台龙虾”的美名。

鱼台水资源充沛，易于龙虾生长。龙虾的生长由早期的野生到现在的混合养殖，在鱼台已成规模。鱼台现已摸索出成功的经验，实施标准化生产，产业化经营，从良种选育、苗种繁殖到餐饮服务、节庆文化的产业发展链条十分完整。2011 年，“鱼台龙虾”被农业部登记为国家地理标志保护产品。该县龙虾养殖主要聚集在张黄镇、王庙镇、唐马镇、谷亭街道及沿湖一带，养殖方式主要采用“藕池套养龙虾”模式，主要销往北京、天津、上海、济南、南京等城市，供不应求。

小龙虾是鱼台的夏季饮食风景，鱼台地摊文化的主导饮食。鱼台龙虾，吃的是心情，吃的是情怀，享受的却是人情的至善至美。

Tips

鱼台龙虾节

山东省济宁市鱼台县

每年7月29日

十里桃花 美不胜收

若梦

“去年今日此门中，人面桃花相映红。”一段温婉动人的爱情故事，引来历代文人骚客的无限遐想，“桃花坞里桃花庵，桃花庵下桃花仙。桃花仙人种桃树，又摘桃花换酒钱。”酒醒坐花前，酒醉花下眠的神仙生活，让生活在 21 世纪的我们，幻想着桃花源的存在。

半醉半醒日复日，花落花开年复年。美不胜收的十里桃花，顶数泗水最为有名。待到桃花盛开，真真让人有种“老死花酒间”的幻觉。“泗水桃花节”被誉为中国八大桃花节之一，扬名国内外。

在泗水，每年 3 月底 4 月初，会有漫山遍野盛开的桃花，如云如霞如海如潮。置身于桃花海，有返璞归真的“桃花源”绝佳体验。

每年，泗水的桃花节会在泗水县泗张镇如期举行。4 月初，一年一度的“泗水桃花旅游节”便会有成千上万的游客来此赏花、踏青、览胜、寻访。十里八乡的农民携带着自产的农副产品、山乡果味、工艺品来此销售。收获的季节游客可采摘鲜果，体验农耕农牧的乐趣。

“桃之夭夭，灼灼其华。”当漫山遍野的桃花霸占了山间地头，真想带着知己好友，一同前往那桃花源地，踏着粉色梦境，徜徉于桃花花瓣间，甜甜地做一个飞花的梦。

泗水的桃花节，可能是尘世间最后的一块桃花源地了，微风拂来，桃花枝叶轻轻摇摆，落英缤纷的小径，飘飘地走在上面，宛若仙境，真是最美的净土了。

无需三生三世，下次泗水桃花节，约你同赏十里桃花，可好？

Tips

泗水桃花节

山东省济宁市泗水县

每年3月30日—4月8日

第八章

官府菜和民间菜 舌尖上的PK

来到这儿，吃的不单是**美食**，也是『**故事**』，
『国宴』上美轮美奂的孔府菜，
大排档里让人酣畅淋漓的**小龙虾**……
每一道**风味**，都**挑逗**着人们挑剔的**味蕾**；
每一个『故事』，都**承载**着济宁的味道。

孔府菜：食不厌精 脍不厌细

敏印

詩禮銀杏

色如琥珀
清新淡鲜
酥烂甘馥
十分宜人

“食不厌精，脍不厌细”出自《论语·乡党》，意思是，粮食越精致越好，肉类切得越细越好。这八个字，成为孔子饮食理论的主旨，受到后人推崇。

说到食物的精细，就不得不说孔府菜。

孔府素有“天下第一家”之称，是孔子世代嫡裔子孙居住的地方，也是仅次于明、清皇宫的最大府第。

在中国家族历史上，没有一个世家能与孔府相比，它是一个地地道道的簪缨世家，拥有多个封建皇权所赐予的至尊权利和荣耀。如今孔府大门上的对联“与国咸休安富尊荣公府第，同天并老文章道德圣人家”，显示出其显赫高贵达到了无以复加的程度。

自西汉以来，孔子后裔的政治地位不断上升，至明清时期，孔子嫡长子孙世袭的“衍圣公”，已官居一品，班列文官之首，享有携眷上朝的殊荣。

由于孔子的“圣人”地位，帝王“朝圣”祭祀活动频繁，皇室成员每次来曲阜，孔府都要以盛宴接驾。高官要员纷至沓来，孔府也要设高级宴席为他们接风。此外，由于受门第观念束缚，孔府内眷多来自各地的官宦之家，她们进孔府时多带着厨师，在自己院里建小厨房。内眷们之间的礼尚往来，使得众家的厨师可以相互

交流、切磋，各呈特色并互为补益。

更有意思的是，**孔府的厨师实行的是内外厨轮流值班制度，内厨专为“衍圣公”及其家人烹饪，外厨主要服务于大型筵席、祭祀和庆典等活动。**这种内外厨的分工并不是固定的，谁的厨艺高超谁就有机会进入内厨。

孔府广泛的社交活动和内外厨之间的频繁更替，促进了孔府和宫廷、孔府与官府、孔府同民间烹饪技艺的不断交流。加之千百年来孔府名厨巧师们的潜心切磋，师承旧制，在继承传统技艺的基础上进行创新，从而逐渐形成了自成一格，名馔珍馐齐备，品类丰盛完美，色、香、味、形、器俱佳的孔府菜，更是清乾隆时期代表性的官府菜。

如今60多岁的彭文瑜，是孔府菜烹饪技艺代表性传承人，从事孔府菜制作已有40余年。他的爷爷彭保山曾做过孔府的内厨，给他讲过很多孔府厨房里的故事和规矩。

彭文瑜听爷爷说，孔府内厨和外厨共分三班，每班轮流各上十天班，不当班的厨师可以自由活动。爷爷年轻的时候，在曲阜西门大街开了一家馆子，不当班的两班厨师都在馆子里上班，一方面可以研究新的菜式，另一方面也给厨师们提供了增加收入的渠道。在爷爷看来，那家馆子更像是孔府菜“研究所”，研究出来的新菜式会提供给食客品尝，反响好的会进入孔府的菜谱里。就是这种形式，让普通百姓

有了品尝孔府菜的机会。

孔府的宴席很多，有时甚至要摆近千桌，这种情况下，内厨的三班厨师都得参与进来，必要的时候也会让外厨参与，再不够了，就会招募社会上的名厨来帮忙。尽管如此，孔府厨房里的等级依然严格，分工明确。主要工作由内厨负责，外厨们配合内厨工作，社会名厨们则通常干一些打杂的活儿。即使如此，社会上的名厨也十分珍惜到孔府厨房帮忙的机会，趁机学做孔府菜。

在孔府菜形成和传承的过程中，相关技艺或多或少流入民间，一直被人们效仿，影响着民间的饮食文化。后来，孔府的厨师们流落民间，自谋生路，孔府菜也跟着他们飞入寻常百姓家。如今，在曲阜，很多酒店都能做一些孔府菜，引得游客们慕名前来。只不过，乱花渐欲迷人眼，人们总想品尝一下“正宗”孔府菜。

何为“正宗”？在彭文瑜看来，正宗孔府菜做得就是一个讲究——粗菜细做，细菜精做，物尽其用。这十二个字是爷爷教给他的，也是他总对徒弟们讲的。

在孔府的厨房里，一根细长的绿豆芽，

顶着嫩黄豆瓣的芽头被摘下来，它将化作“丁香花”，与拥有15个侧面的豆腐，搭配出色泽诱人的美味。剩下的幼白芽茎也不会被丢掉，它和切得匀细的肉丝一起，经过快火翻炒，成为名菜“金钩银条”。

除了做工讲究、做法细致外，孔府菜还有一个特点就是“有文化内涵”，命名极为讲究。孔府是书香门第、圣人之家，讲究诗书礼乐，因此孔府菜也得吃出学问来，如“诗礼银杏”“阳关三叠”“鲁壁藏书”等，让人在品尝菜肴的同时，还得琢磨此菜的名称含义。

孔府的显赫离不开历代皇权的赐予，因此，孔府菜的命名很多都与皇权有关，如“御笔猴头”“带子上朝”等。因明初皇帝赐衍圣公一品官服，后世沿袭，孔府菜中便有许多以“一品”命名的菜名，如“一品豆腐”“一品寿桃”“清汤一品丸子”等。

如今，最接近传统“孔府菜”的就是彭文瑜写在本子上的菜名与做法。彭文瑜想争取支持，组建自己的团队，在现有种类的基础上研究、推出老菜谱中的“孔府菜”，让它们走近普通人。

没吃过甏肉干饭，别说你来过济宁

商东

济宁美食的代表，非甏肉干饭莫属。

“甏”是一种口小腹大的陶制器皿，一般用来盛放物品、腌制食物。“甏肉”顾名思义，就是用甏盛放、烹制的肉。“干饭”指米饭。“甏肉干饭”说得通俗、形象一些，就是将用甏烹制的肉，放在米饭上一起吃。

如果你是第一次来济宁，可能对“甏”这个字比较陌生，不敢张口读。可是在济宁，哪怕一个三岁孩童，也能清晰地说出它的读音。因为甏肉干饭对济宁人来说，不是偶尔用来打牙祭的美食，而是家常便饭。

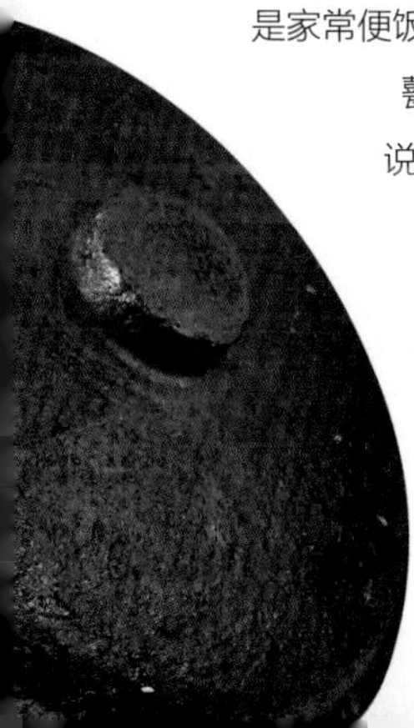

甏肉干饭的起源，众说纷纭。一种说法是，北宋时期，济宁的水泊梁山成了好汉们的聚义地，随着梁山名气增大，投奔而来的英雄人数剧增，普通炊具做饭量少且慢。**厨房伙计无奈之下，用腌咸菜的大甏充当炊具，把大块五花肉放在甏中，加老汤、佐料，用干柴引火，木炭作燃料，慢火细炖，甏内逐渐如玛瑙般微泡四起，肉香扑鼻**。这样做出来的肉爽滑可口，肥而不腻，再配上高粱酒，满口生津。

甏肉虽不是什么山珍海味，然而大块吃肉、大口喝酒的方式，越发彰显出梁山英雄的豪迈气概。从这种说法看，甏肉干饭倒可以算作水浒菜中的一种，因为直到今天，甏肉仍然是一块块大的五花肉，很多老济宁人仍会在吃甏肉干饭的时候，喝上几口酒。

另一种说法将甏肉干饭归为运河菜，依据虽没有第一种说法那么传奇，倒更加贴切、可信一些。

京杭大运河的开通，为济宁这座文化底蕴深厚的古老城市开辟了一条对外开放的通道。济宁处在京杭大运河“屋脊”

的位置，南来北往的船只都要在此停留，这不仅给济宁运来了南方的大米等食材，还聚集了一大批船工、纤夫等饮食需求群体，这就为济宁的餐饮发展创造了商机。

此外，治河、治水的最高政府机关也在济宁驻扎，当地有“七十二衙门”之称，政府公职人员也是一个庞大的饮食需求群体。

除了在运河沿岸开设五花八门的各色餐馆外，聪明的济宁人还看到了“快捷、便利”的商机，有小商人把炖好的肉和米饭分别放入两个筐内，用肩挑到运河沿岸和衙门口叫卖。为了保持肉的温度，小商人将肉放在甏中，用木炭炉子温热。没想到用甏持续温热的肉竟然肥而不腻、爽滑可口，非常受欢迎，而且对于船工和纤夫来说，吃肉后更有力气干活。

最早有记载的、最有名的济宁甏肉干饭是“老咬口”家烹制的。“老咬口”名叫赵克顺，于清光绪五年(1879年)在自家院门口搭起席棚，专门经营甏肉和大米干饭，他也经常挑到衙门口去卖。

相传，“老咬口”甏肉有“四不卖”：不到火候不卖，色泽不够红亮不卖，面筋入味不透不卖，过夜的东西宁肯倒掉也不卖。这也体现出济宁人制作美食时的用心和做生意时的诚信。

随着生活水平的提高，甏渐渐淡出人们的生活，制作甏肉干饭的甏被铁锅、不锈钢锅代替，“甏肉”这个名字却一直沿用至今。只是，甏肉干饭已经不仅局限在甏肉上了，又增添了几种特别的菜：面筋肉丸、肉卷、豆腐块、炸鸡蛋、海带等，这些菜都放在煮甏肉的老汤里加热，彼此之间互相影响、相辅相成，形成了一种独特的口味。

如果你来济宁，一定要尝一尝甏肉干饭，这一带着历史烟尘和运河气息的美食，会在你的味蕾上镌刻一种独特的记忆。

Tips

济宁甏肉干饭与济南把子肉的区别

济宁的甏肉干饭据说起源于水泊梁山。梁山好汉众多，且甚是忠义，喜欢大口喝酒大口吃肉，于是伙夫就把大块大块的肉都扔到大甏乱炖，然后便有了甏肉。济南把子肉的起源相对久远一些，据说东汉末年，刘关张桃园三结义，张飞为了庆祝结义，把猪肉和豆腐及其他蔬菜一起乱炖，把子肉就诞生了。济宁甏肉配料多为药膳，药材清香，色泽鲜亮，不油不腻，口感细腻；济南把子肉浸透酱油的香褐色，酱香浓郁扑鼻，肉鲜咸紧实。两者都是山东的名吃美食，随着时间的演变，两者一直在相互借鉴学习，所以区别并不是很明显，很多资深吃货也分不出来。

让人向往的全鱼宴

德善

微山湖总面积1200多平方公里，京杭大运河从湖中穿过，是北方第一大淡水湖，又有北方荷都之称，微山湖水面宽阔，气候温和，水产资源丰富，为淡水鱼菜品提供了源源不断的纯天然原料资源，为烹调制作创造了得天独厚的条件，为淡水鱼菜品的发展奠定了坚实的基础。

独特的烹饪技艺和鲜明的口味特色造就了济宁地方菜代表性风味菜品——“全鱼宴”。“全鱼宴”以淡水鱼菜品为重要组成部分，根植于鲁菜。“全鱼宴”具有明显的运河饮食文化特色，选料注重鲜活，讲究时令新鲜和原生态。它以独特的烹饪技艺和鲜明的口味特色迅速走红大江南北，受到广大消费者的欢迎，引起各级餐饮专家的高度关注和评价。

微山湖全鱼宴大部分是由微山湖乌鳢、微山湖四鼻孔鲤鱼等做成的，特点除鱼本身质地优良外，微山湖地方厨师对鱼的制作也有深入研究，能从头、尾、腹、唇、肚、裙等不同部位做出各种珍馐佳肴，能利用丝、片、丁、条、托、茸等各种形态做出融色、香、味、形、器、滋、养为一体的宴席。既能保留传统的风味特色，又善于博采其他菜系之长，充分利用新调料、新工艺，与时俱进地做出有微山湖韵味的新菜品。

微山湖全鱼宴自明末清初即享有盛誉，以湖中多达70余种鱼类作为食材，运用炒、炸、蒸、汪、滑、烧、炖、焖、煨等烹饪技法，尤擅长汪、滑。汪是微山湖地区独有的烹饪技法。全鱼宴在口味上活用五味搭配，呈现湖鲜的多层次口感与深刻的鲜甜滋味。

微山湖“全鱼宴”菜品并不是一成不变，主要品种有：烤白鳝、五香薰鱼、五彩鳝脯、椒盐龙骨、滋补元鱼、一品鱼、飞龙鱼、干锅鱼头、花篮鳜鱼、如意鲫鱼卷、竹香开口鳝、玉鳜含丹、漂汤鱼丸、佛手鳗花、船夫鱼、扒烧划水、炒鱼干以及湖生植物等湖产品，光听这些菜名就让人倾心不已。

“全鱼宴”烹制受到了孔子“食不厌精、脍不厌细”思想的熏陶。料理中，菜品讲究脂肪少，食材搭配要含有多种人体所需的营养成分，食用要易于人体吸收，且味道鲜美。“全鱼宴”令人神往的不仅仅是色、香、味的诱惑，还因不少菜品具有食疗功效，如：茴香鲫鱼食疗除疝气，赤豆鲤鱼食疗治水肿，大蒜炖鳖食疗祛肾炎，有病治病，无病滋养，疗效明显，现已载入《中国食疗学》。

慈禧太后也爱玉堂酱菜

盈盈

说到玉堂酱菜，在济宁可以说几乎无人不知无人不晓，有着辉煌的历史，也曾是济宁享誉中外的名片。就连对食物挑剔的慈禧太后都赞誉玉堂酱园："京省驰名，味压江南"。生生不息的运河滋养着不老的玉堂，玉堂酱菜在三百年的历史长河中，几经沉浮，历久弥新。

清朝康熙年间，苏州的戴玉堂来济宁经营酱菜，但因为南方酱菜口味偏甜，在当时的北方并没有市场。后转孙家经营，采用南方技术，使南北风味沟通融合，成为微甜微咸、味压江南的贡品菜。

经过二百多年的发展，玉堂终于得到了举世公认。1915年，玉堂按照北洋政府工商部的通知派代表孙敏卿参加了巴拿马太平洋博览会，结果玉堂的产品一举获得5枚金牌。当时有这样一句话：“不看曲阜空有眼，不尝醉蟹空有肚。”“醉蟹”是玉堂的传统产品，选用“日通斗金”的微山湖鲜活蟹，用米酒、陈醋、茴香等原料配成流汁蟹食，让活蟹吃饱后醉死，十天后，蟹子醉眼圆睁，鲜光油亮，味浓溢香，使人大有不尝醉蟹空活人世的感叹!

“老济宁人对玉堂酱菜是有情怀的。”35岁的王海涛在玉堂酱园工作已经有十年之久，学习酿造专业的他，大学毕业后就来到了玉堂酱菜，很快就成为公司主抓技术的中流砥柱。

王师傅说，自己的父辈就是做酱菜的，传统的制作工艺得到一代代传承，这是现代机械化操作所不能替代的。为保证玉堂酱菜色香味俱全，玉堂进货要“选美”。比如进黄瓜，不是任何黄瓜都能进厂，只要济宁近郊三个乡镇的黄瓜，黄瓜要求两头一样粗，而且只在初夏季节收购，要顶花带刺，当天采摘当天收。

来到玉堂酱园，一阵风吹过，酱香扑鼻。只见每一只酱缸上都顶着一只毛竹编的尖笠，一排排的酱缸整齐排列，一眼望不到尽头。去皮的花生装进纱布袋中，埋于酱缸中，还要经常揉动，直到它们透出琥珀的光亮，酱香扑鼻，让人垂涎。鲜、甜、香是品完酱菜后最大的感受了。

2015年的米兰世博会上，玉堂酱菜被授予“世博百年品牌企业”，这家有三百多年历史的企业，再次向世界展示了大运河孕育的儒商文化。

微山湖

大闸蟹赛过阳澄湖

甜心儿

入了秋，就到了大闸蟹最肥美的季节。落日昏黄，挂在一眼望不到边的芦苇荡中，一抹金色笼罩在这一大片即将丰收的湖面上。

作为中国第五大淡水湖，微山湖也是中国北方最大的淡水湖，这里水质清澈，河床平坦，光照充足，水草丰茂，饵料资源丰富，可以说是天然的大闸蟹养殖基地。吃大闸蟹是一种季节性的享受，唐代诗人李白曾赞道：“蟹螯即金液，糟丘是蓬莱。且须饮美酒，乘月醉高台”，饕客们怎可错过这个大快朵颐的好时机？这不，吃大闸蟹的季节又到了！俗语说：“秋风起，蟹脚痒，九月圆脐十月尖。”九月要食雌蟹，这时雌蟹黄满肉厚；十月要吃雄蟹，这时雄蟹蟹脐呈尖形，膏足肉坚。

我的舅妈是一位地地道道的微山人，从小到大，每年秋天全家人都能把大闸蟹吃个够。自家买着吃，亲朋好友送来送去地吃，每年秋天都是沉浸在大闸蟹美味里的幸福时光。让人不能忘怀的不只是鲜嫩的蟹肉跟肥美的蟹黄蟹膏，还有在快餐时代中难得静下心来细细剥开蟹壳、吸出蟹肉的悠闲自在。

又到了大闸蟹上市的季节，舅妈蒸了一大锅肥美的大闸蟹招待一家人。馋了一整年的我猴急地捡了一只最大的放在碗里，但是吃蟹是个细活，“心急吃不了好螃蟹”。待大闸蟹放凉些，我先将蟹壳打开，用长柄勺将蟹黄或蟹膏拨到蟹壳中放好，浇上混着姜末的蟹醋，小口吃下。再将蟹腿各个掰下来，用剪刀将大腿的上下两端剪开，小腿插入大腿底部，将蟹腿肉抵出来，轻轻吸一口。再用签子将蟹肚的肉剔出，放在蟹壳中吃掉。

一只大闸蟹，细细吃下来，居然可以用上个把小时，一家人有吃有聊，一晚上的时光就这样度过了。可能这就是大闸蟹带给我们的巨大满足感吧。

每年吃完了当季新鲜蟹还不够，最爱吃大闸蟹的母亲总能想到很多储存美食的方法，在大闸蟹最肥美的时候把上好的微山湖大闸蟹手工做成蟹粉和蟹黄膏，放在冰箱里一直吃到第二年蟹季来临。

要知道，对于爱吃大闸蟹的人而言，这是印在记忆里的美味。纵然秋天有那么多好吃的食物丰收，但在肥美的大闸蟹面前，这些好吃的也都变得黯然失色、索然无味了。

四鼻鲤鱼 名扬天下

瑞雪

相传很久以前，微山岛一户李姓老汉家有一女名“玉”，生得娇羞欲滴，是微山岛出了名的美人。爷俩靠打渔为生，李玉16岁时与孤身一人同为渔民的后生刘裕定下了婚约。

都说街有街霸，车有车霸，王八就是这岛上的一霸。他看上了李玉，先是调戏，再是逼婚抢亲。李玉为了逃避王八的逼迫，逃跑时被王八用鱼叉插破了脸，跌落到湖里，鲜血染红了湖水……刘裕为救李玉也被王八残害。

巧的是玉儿姑娘被扎了一叉并未毁容，只是在鼻孔上方插出了两个小孔。李玉和刘裕死后变成了两条大红鱼游向湖水深处。因为玉儿姑娘姓李，人们为了纪念李玉和刘裕就把这种鱼叫做鲤鱼。

四鼻鲤鱼的传说起于何年何月已无人可知，但谁发现了四鼻鲤鱼却传得有板有眼。

据说，乾隆南巡途径微山湖，正值清明，湖水碧绿清澈见底，岸边绿柳摇曳，坐在龙舟中的乾隆老爷子，从船上的窗户里眼见得一群欢快的鱼儿随船嬉戏追逐，好不逍遥。他问随行的地方官，这叫什么鱼？怎么个吃法？县官这边忙着讲解，那边忙活着张网逮鱼，不多一会儿就端上一盘清新味美的清炖鲤鱼。老爷子仔细看了一遍突然说：“您这鱼奇怪哩，四个鼻子。”大家都伸过头来看，怎么早先就没有谁注意这个问题呢？”更有见风使舵之人连呼“万岁可喜可贺啊!适逢万岁清明巡游之际，微山湖凸现四鼻大鲤鱼鱼随船嬉，**这一个鼻孔代表吉祥；两个鼻孔代表如意；三个鼻孔代表平安；四个鼻孔昭示富贵；万岁这是四海升平五谷丰登的大吉相啊！**”这番话直说得老爷子心花怒放。至此，微山湖的鲤鱼便有了名，四鼻鲤鱼比其他的鲤鱼更是贵重，从此成了皇宫中的贡品。

鲤鱼自古就被看做吉祥珍贵之物。早在商周中国就有养鲤的记录，到春秋战国就更把它当成了一种祭祀的贵品和馈赠的重品了，从而让鲤鱼与儒学孔家“沾亲带故”。鲁昭公九年（前533年）孔家添丁，昭公赠以鲤，孔子欣然收下，很高兴，“荣君之赐因名子曰——‘鲤’。给儿子取了个名字叫鲤（字伯鱼）。”至此以后孔府每年公祭、家祭时为避鲤音，鲤鱼一律改称“红鱼”。

现在的济宁微山湖一带仍有很多与鲤鱼相关的民俗，如：人到七十三讲究要吃鱼的（指鲤鱼），“七十三蹿一蹿”是盼人长寿的一种祝福；坊间说媒不叫说媒，叫“我想吃你的大鲤鱼”；有分量的宴席上不可缺鲤鱼，意在“年年有余”“吉庆有余”。

“四鼻鲤鱼”是微山湖特产之一，不仅味道鲜美，而且具有保健价值，据《本草纲目》记载：“鲤鱼主治水肿、胎动不安、咳嗽气喘”。

Tips

四鼻鲤鱼

四鼻鲤鱼是微山湖中生长、繁殖较快、出产较多的一种鱼，久负盛名。所谓“四鼻鲤鱼”，它跟别的鲤鱼的最大不同，就是生有四个鼻孔，其中两个鼻孔是真的，另两个实际上是两根凹进去的短须，酷似两个鼻孔。

心急吃不上好糟鱼

韩剑

济宁梁山一带历来是黄河和汶河下游的自然蓄洪区，洪水到来，一片汪洋，洪水退去，形成很多大大小小的水洼，只要积水的地方便留存下不少鱼，为这一带渔民“竭泽而渔”创造了得天独厚的条件。

渔民会将一些较大的鱼拿到集市上贩卖，或者刨净沥干，晾晒成干鱼，留作日后吃。较小的鱼则会直接烹制，成为日常佐酒、下饭的菜肴。

相传，梁山的一位老渔民在黄河发大水后，收获了很多小鲤鱼，便在院子里支起一口大锅，想将这些鱼做成美味的菜肴，招待一下街坊邻里。为了烹制更多的鱼，他将小鱼清理干净后，头尾相靠，逐一码放在锅里，为了入味儿，每放一层，他就撒上一层盐和花椒。鱼码放完后，他将锅里加满水，然后盖上锅盖，用木柴烧。由于年纪大了，收拾这些小鱼耗费了很多体力，烧火的时候，他不知不觉睡着了。

夜幕降临，外出打渔的街坊邻里都回

漁鋪
張記
魚
檐下纳千祥
童叟無欺

来了，他们按照约定到老渔民家吃晚饭，却发现他靠在锅边睡得正香，锅底下的木柴已经烧完，还有一点火星，锅里冒出一阵阵浓郁的鱼香味儿，让人直流口水。

众人把老渔民叫醒时，他还有点懵，看着锅子，忽然想起锅里还炖着鱼，急得直喊：“糟了，糟了，鱼糟烂了。”他打开锅，发现汤汁已经快熬干了，心想今晚怕是没法招待街坊们了，有些内疚。

街坊邻里怕老渔民过意不去，表示要尝尝“糟烂了的鱼”。这一尝不要紧，大家竟然吃上了瘾。因为炖的时间比较长，鱼的形体虽然是完整的，但是鱼骨和鱼刺已经酥软，可以直接吃，这样不仅美味，而且吃起来非常方便，营养价值也高。因为这种鱼特殊的烹制过程，人们给它起名为“糟鱼”。

从此，街坊邻里学着老渔民的做法，自己在家做糟鱼。时光流逝，这种做法被人们不断改进，传承下来。如今做糟鱼，人们晚上先用木柴大火炖两三个小时，然后熄掉明火用暗火“温”，人就可以去睡觉了，待到第二天早晨醒来，打开锅盖，满锅糟鱼就做成了，因此做糟鱼一定不能心急，得用小火慢慢熬。将糟鱼放凉后，鱼鳞溶入汤中形成鱼鳞冻，别有一番滋味。

相传，郑板桥在范县做官时，有一次路过梁山，渔民曾以糟鱼招待他，他还留诗一首：

做官山东十一年，不知湖上鲫鱼鲜，

今朝尝得君家味，一包糟鱼胜万钱。

如今在梁山，品尝糟鱼比较知名的地方就是杏花村大酒店，这里也主做水浒菜。鉴于糟鱼的制作时间比较长，这道菜需要提前一天预约。外地人到梁山，不妨先在酒店住下，闲暇时可以去游览一下酒店里的水浒文化体验馆。

水浒文化体验馆依照《水浒传》中的描述进行场景复原，采用仿宋式民间建筑风格，以水浒酒楼、杏花村客栈、水浒酒文化体验馆、北宋民俗文化体验馆、历代酒器展览馆、水浒文化礼品展示馆为主要内容，再现了北宋时期的风土人情以及水浒英雄的豪迈情怀。

在体验馆里，游客可以见到卖炊饼的武大郎、卖脆梨的小郓哥、风情万种的潘金莲、叫卖人肉包子的孙二娘、担着南北杂货的小货郎；还可以将人民币兑换成铜钱银两到朱贵、顾大嫂的酒柜打几两酒切几斤大块牛肉，切身体验“大碗喝酒、大块吃肉”的水浒豪情，还可以得到宋江、林冲、武松、李逵、鲁智深等梁山泊众首领当场敬酒，欣赏经典简短的水浒情景剧表演。

人间最妙是此味儿 托板豆腐喝着吃

✎ 瓣香

下午4点后的济宁，大街小巷会传出“热豆腐、热豆腐”的叫卖声，这声音根植在老济宁人的记忆里，刺激着他们的味蕾。

热豆腐也叫“托板豆腐”，是济宁的传统名吃。济宁人提到托板豆腐，不是用“吃”而是用“喝”。对于自诩为文艺女青年的我来说，第一次喝托板豆腐的经历可算是历尽艰辛，却也令人忍俊不禁。

那是一个春暖花开的午后，在济宁出差的我，无意间听到有一种叫托板豆腐的美食，便想尝一尝。我并不是吃货，打动我的是当地人说起它时脸上的笑容，还有人会模仿喝豆腐时样子给我看，不断地提醒我“真的很热闹”。

对于一个外地人来说，找托板豆腐是不容易的。因为收益不高，经营这门生意的人很少会开店，大多用三轮车推着走街串巷叫卖。如果你根据当地人的建议去街巷里找，多半是白白转圈，总有人会告诉你“就在这片转悠”，终因缘分太浅，无法与之相遇。

我与托板豆腐的相遇，是在转圈转得心灰意冷之后。抱着最后一丝希望，询问了“无所不知”的出租车司机。说来也巧，那个出租车司机正好有个习惯：下午出车前，先喝两块钱的热豆腐。

第一次见到托板豆腐时，它被一块白布包着，颤悠悠、水汪汪、热乎乎的，看起来比平时吃的豆腐嫩一些，比豆腐脑要紧实一些。周围站满了专程而来的人，小到还不会走路的孩子，大到白发苍苍的老人，托板豆腐就是他们晚饭前的“下午茶”。

只见，卖豆腐的师傅用铜制的刀子，将豆腐一片片码到一块长木板上，再用刀

将木板上的豆腐划拉成麻将块大小，抹上特制的红红的辣椒酱，托板豆腐就做好了。小的一块钱一份，大的两块钱一份，经济实惠。

托板豆腐一定要热的时候喝，略微烫嘴的最好，所以当地人买来，就放在木板上直接喝。当地人一眼就能看出你是不是第一次喝，因为你可能会像我一样，双手捧着托板，带着矜持的笑容，略微尴尬地站着，看着周围的人叉开腿、弯着腰、低

着头，吸溜吸溜喝得津津有味，自己却无从下嘴。

要是有双筷子该多好！来个勺子也行！然而这些都是多余的，当你被周围的热闹和豆花的鲜香俘虏，便会抛开矜持，学着旁人的样子连啃带吸溜地喝起来，你会被自己的样子逗乐，却怎么也停不下来。

洁白如玉的豆腐流入口中，满口生香。热情好客的济宁人会笑着提醒你擦净嘴边的酱汁，然后兴奋地给你讲托板豆腐的来历。当地人说托板豆腐也叫“撅腚豆腐”，因为得“撅着腚吃”，这个名字确实不雅，但是吃过的人都能体会到它的妙处。

托板豆腐

就托板豆腐而言，托板是形式，豆腐才是内容，当独一无二的形式加上念念不忘的豆花香，那一声“热豆腐”的长长吆喝，便化成了你连连咽下去的口水。难怪有人说，“宁肯不吃北京烤鸭，也把热豆腐托回家”。也难怪出生于济宁的乔羽，谈起家乡美食时会说“最爱热豆腐”了。

汶上飞出『金凤凰』

南方

汶水悠悠，芦苇苍茫，
芦花深处是故乡。
家的味道永远像那跳动的灶火，
忙碌的身影，精心烹制的食材，
伴随着芦花烧鸡的飘香，
在漫长的时光里，带给我成长的力量和温暖的记忆。
——这是游子的心声，这是游子乡愁记忆里的芦花鸡。

芦花鸡是汶上县的地理标志农产品，横斑黑白羽，是它藏身于芦苇荡中，防止野兽侵袭逐渐形成的自我保护色，因此得名芦花鸡。早在春秋时期，汶上县的百姓就开始自养，如今，芦花鸡在红火的乡村旅游中也带给了游客们乡野乐趣。

芦花鸡，源于大汶河畔芦苇荡中。黑白斑羽，丰满俊俏。擅长飞奔打斗，与普通鸡不同，芦花鸡野性强，好斗，擅飞腾，喜欢栖息于树枝，游食于山间草丛。

林间放养的芦花鸡，虽然价格比普通鸡高出二到三倍，但依然吸引着许多游客慕名而来。在乡野用特殊的工具亲手抓鸡，是游客喜欢的乡村体验项目。

芦花鸡曾是贡品，历史上当地的官员每年都要将汶上的芦花鸡沿京杭大运河供奉给皇帝及贵族们食用。现在它是游客和当地百姓都能享用的食材。**汶上芦花鸡肉质鲜香，营养全面，素有滋补胜甲鱼，养生胜**

白鸽，美容如珍珠之称，是历代美食家钟爱的食材。

对汶上芦花鸡的食用与观赏，史上由来已久。三国时斗鸡，司马懿以芦花战曹丕。宋明以来，汶上芦花鸡以呈京贡品远赴朝堂，以食赏珍禽享誉民间。汶上芦花鸡食之甘美，赏之悦目，被评为山东省十大地方畜禽品种名牌。以其原种珍稀和繁育留存之难，被农业部列入国家级畜禽遗传资源保护名录。

1995年，在县委县政府“纯繁汶上芦花鸡，挽救国家濒危物种”的决策感召下，贾正国成立汶上县芦花鸡原种场。1998年春，组织员工走遍全县每个村庄和土孵房收集到180只芦花鸡进行人工授精提纯繁育。到2003年共提纯芦花鸡约2000只。之后，会同山东农业大学专家从基因生物学的角度进一步提纯，留下800只纯正种鸡。又经过5年，原种场最终拥有了纯种汶上芦花鸡核心种群。2011年，原种场通过省标准化鸡场验收，成为全国唯一一家标准化芦花鸡原种场。到2015年，原种场晋升为国家级汶上芦花鸡保种场。

糁汤泡油饼，香飘四方

特木

在济宁，早餐如果吃腻了豆浆、油条、包子和粥，不妨来碗糁汤，配上焦酥的油饼，就是一个鲜美的早晨。

糁汤又叫“肉粥”，是一种历史悠久的传统名吃，流行于山东、河南、江苏、安徽四省交界的很多地方，是当地百姓必不可少的早餐。

糁汤大致分为两类，一种是临沂地区的“黑糁”，在熬制的时候放入大量黑胡椒，并加进粉碎的大骨头，所以汤色偏黑、偏浓；另一种是“白糁”，流行于济宁一带，熬制时用的是白胡椒，汤色是乳白色。

糁汤

肉粥

若要论起来，我更喜欢济宁的白糁。

糁汤有很多种，牛肉糁、猪肉糁和鸡肉糁。对于外地人来说，可以从店里食客的多少来判断糁汤美味与否，老济宁人则不会这样，他们会专门挑选符合自己口味的糁汤店去吃。

在济宁比较推荐的是羊肉糁汤，味道鲜美，香飘四方，很远就能闻到它的香味。寻着香味走进店里，点上一碗，只需站立片刻，就能等到一碗热腾腾、香喷喷的糁汤。

只见店家拿起空碗，将一个生鸡蛋打碎洒进碗里，然后将大锅里的热汤浇在鸡蛋上冲开，再加上香油、姜末和香菜等，一碗糁汤就出锅了。前前后后也不过一分钟，对于早上赶时间的人来说，这样的美食，再合适不过了。

糁汤可依据每个人的口味来把握，在原汤基础上自己调制，喜欢什么样的口味可放什么样的调料，酸、甜、咸、辣、鲜，随你选择。如果喜欢吃肉，还可以额外花钱加一份羊肉泡在汤里。

早上只喝一碗糁汤是不过瘾的，老济宁人会再要上半斤油饼泡在汤里一起吃，边喝汤边吃油饼，饼酥酥软软的喷香与糁汤鲜美微咸的味道浑然一体，在舌间微微荡漾，让人很是满足。这才是真正的喝糁汤。

糁汤在出锅的时候快，制作的时候却很

费时。好的糁汤必须在熬制上下功夫，制作羊肉糁时，头天晚上就得把水烧开，将洗干净的羊骨头和羊肉滤去血水后入锅，煮2个小时左右，捞出熟羊肉后，下入麦米，开锅后将炉火封闭，第二天凌晨将炉火捅开，将锅烧开后，下入葱姜，再开锅后，将盐、酱油、胡椒粉、五香粉和去腥味的中药料包一并入锅，再开锅，将面糊下入锅中煮熟。

做糁用的锅也不同于一般的锅，它比一般的锅要大几倍，和普通锅相比最大的区别就是它有颈，所谓的颈就是在锅的上面用不锈钢圈出一个高50厘米的“脖子”，据说这是为了防止跑香味。

糁汤的学问主要在汤上，许多糁汤老店都是世代相传，汤料都是百年老汤，可谓老汤里面加新汤“汤汤不息”。济宁任城区的杨兴海糁汤老店，就是一家老字号的糁汤店，已经传了三代人，在如今的地方开店已经40多年了，很多老济宁人都知道。

我第一次喝糁汤就是在这家店，早上八点，很多人在排队。带我去的朋友是老济宁人，喝着他家糁汤长大。热热的糁汤浓香扑鼻，承载了几代人成长的记忆，细细品味，鲜美中有一点点中药的甘苦，这股独特的味道弥漫在日常生活中，令人回味无穷。

Tips

杨兴海糁汤老店

山东省济宁市任城区任城路西（越秀园小区附近）

林家湾炖鱼：济宁百年老滋味

小四

因为工作的缘故，我此前曾在济宁待过一段时间，品尝过很多美食，若要问我最想念的味道，那就是林家湾炖鱼那一抹酸香。

林家湾炖鱼至今已传承了四代人，拥有上百年的历史，是一家名副其实的“百年老店”。店的主人不姓“林”，而是姓“杨”。

林家湾炖鱼之所以叫这个名字，归功于运河边一条叫“林家湾”的小胡同。

当年的林家湾，位于古运河东岸，西首临运河，东首接洸府河，一街连两河，构成了一幅有着曲巷、小桥、流水、人家的江南水乡风景图。

老运河曾经是南北交通要道，南来北往的船只停满了码头。进城做生意的人甚多，因此这里汇集了各种美食。林家湾炖鱼应运而兴。听说，当年林家湾炖鱼因为味道美、价格便宜，非常受欢迎，推车的、挑担的、锔锅的、卖菜的，那些出苦力的百姓，几乎没有一个不到林家湾吃炖鱼的。

历经百年风雨，林家湾已经不见了踪影，林家湾炖鱼这个名字却保留了下来。如今，搬进了幽静的竹竿巷里。外地人可能对这一美食并不熟悉，济宁本地人却都知道。

在去吃林家湾炖鱼的路上，当地朋友给我讲述了这一美食的历史。一种美食能传承百年，自然有其独特之处，我的脑海

Tips

林家湾炖鱼

山东省济宁市任城区纸坊街路南中段

(0537) 2102198

里浮现着各地炖鱼不同的味道，对它越来越期待。

走进做林家湾炖鱼的店，店面并不大，人却不少，空气里有一种从未闻过的香味，让人对即将到来的美食充满遐想。尽管，当林家湾炖鱼端上桌时，你可能会像我一样，感觉有些意外。

一只碗里，有七八条炸得金黄的小鱼，泡在棕红色浓浓的汤汁里，碗里撒了一层葱花和香菜末，为这道美食增添了一些绿意。这的确有点出人意料，因为在我的想象中，林家湾炖鱼应是一整条大鱼，整桌人一起吃，却没想到炖的是小鱼，而且一人这么多条。

用筷子将小鱼挑开，鱼肉很单薄，有一些微小的刺，我仔细把刺挑选出来，老半天才弄出一小块没有刺的鱼肉，放进嘴里，有一股淡淡的酸香，很好吃，但吃起来确实费劲。

我的吃法惹得当地朋友哈哈大笑，“他家炖鱼可不是你这种吃法”，朋友笑着，夹起一条鱼给我做演示。只见他把小鱼去掉头后，直接放进嘴里吃，没

有挑刺，只是把小鱼的主骨刺吐了出来。“鱼的骨头都已经酥软了，不用吐刺也行。”“鱼头也可以直接吃，很香的。”“喝口汤，味道可好了。”其他朋友给着不同的建议，各有各的吃法。

吃鱼的时候，店里还搭配了一种饼，将饼泡在汤里一起吃，很够味儿。

炖鱼还是不错的佐酒小菜，有三两食客会点上瓶啤酒，一边吃鱼一边喝酒，就着简单的菜肴，拉拉各自的近况。生活中的酸甜苦辣，似乎都在这一碗炖鱼里，入口即酥，滋味无穷。

林家湾炖鱼所用的原料，最初用的是“鲹子鱼”，但是近些年这种鱼已经很少见了，如今人们吃的多是济宁当地的“草鱼”。老一辈人说，草鱼炖出来的不如鲹子鱼香酥，语气里充满了惋惜和怀念。

时光飞逝，我离开济宁已经很久了，但是每次说起林家湾炖鱼时，唇齿间就会涌出那股独特的酸香，勾起我对济宁最美好的回忆。

人生的每一场旅行**不管如何出发**，

都有**意想不到**的收获，

遇见你预想之中的，

邂逅你意料之外的。

这场旅行要有一些**美好的遇见**，

才算**不虚此行**。

如果你遇见了**济宁**，

这里一定还有**更多更美好**的遇见。

第九章 私享

烧烤 火锅 经典老味

小青年主题烧烤

地址：任城区吴泰闸路新世纪广场东邻阳光城市花园对面

电话：0537-2551010

老六大串

地址：红星东路 6 号

电话：13665376825

老胡烧烤大排档

地址：任城区洸河路江南春美食街北首路东

电话：0537-2342333

小龙坎老火锅

地址：太白东路 19 号如意樱花苑对面

电话：0537-3826789

大龙燚火锅

地址：任城区万达金街刘庄路大润发停车场南邻

电话：0537-2327555

屋头串串香

地址：任城区琵琶山北路和吴泰闸路交汇处往北 68 米路东

电话：0537-2333755

川说川派麻辣火锅

地址：任城区龙行路与环城西路交叉口西北角

电话：0537-7972920

东来顺

地址：任城区共青团路与环城北路交汇处（原三宝粥铺位置）

电话：0537-3167818

全季麻辣火锅

地址：任城区火炬路与红星东路交汇处向南 50 米路东

电话：0537-2330616

三合新川派融合老火锅

地址：运河城南运河路运河文化大厦一楼

电话：13573177857

重庆黄泥磅老灶火锅

地址：任城区太白路路北东银座 47-2 号商铺

电话：0537-2045678

北大荒

地址：任城区海关东路与科苑路交叉口西行 60 米路北

电话：0537-3925859

全聚德

地址：任城区科苑路与吴泰闸路交会处西南角

电话：0537-7979699

湖上人家

地址：任城区万达广场 3 楼

电话：0537-3169633

小资情调~

相遇融合餐厅

地址：任城区万达广场三楼西厅

电话：0537-2355885

桃花洛音乐餐厅

地址：任城区火炬路与红星东路交汇处东南角森泰.御城二期

电话：0537-3154666

咖啡陪你 caffebene

地址：任城区金宇路 59 号济宁贵和购物中心 B228

电话：0537-2101775

济宁 Flygle 咖啡馆

地址：万达嘉华酒店西邻万达写字楼 2316 室

电话：15588752316

邂逅音乐餐吧

地址：任城区万达广场金街招商银行向东88米

电话：0537-2373888

香榭丽舍

地址：任城区吴泰闸路与供销路交口向北40米路西

电话：0537-2894444

染7咖啡

地址：任城区新世纪广场南侧江南春美食街南首路东

电话：0537-2227767

品咖小筑

地址：海关路西首路南18-21号

电话：0537-2630909

酒店

有钱有颜 就任性

济宁万达嘉华酒店

地址：任城区太白路东路 59 号

电话：0537-3208888

全季酒店

地址：任城区金宇路与供销路交汇处向东 30 米新贵和购物广场东南角

电话：0537-2387999

名雅经纬大饭店

地址：任城区环城北路与共青团路交叉口经纬大厦

电话：0537-3160888

经济适用 美滋滋

如家快捷酒店（济宁万达广场汽车总站店）

地址：任城区车站东路 25 号

电话：0537-2323377

锦江之星（济宁古槐路博物馆店）

地址：任城区古槐路与东门大街交汇处东 50 米

电话：0537-2788666

银座佳驿（济宁太白中路百货大楼店）

地址：任城区太白中路 67 号

电话：0537-5158999

汉庭（济宁古槐路店）

地址：任城区古槐路 74 号

电话：0537-2266555

济宁凤凰西苑大酒店

地址：任城区车站西路 99 号运河佳园

电话：0537-5157115

翠都国际酒店

地址：任城区任城大道与环翠路交汇处北行 100 米路西翠都国际商务中心 A 座

电话：0537-2168999

济宁圣都国际会议中心

地址：高新区崇文大道 8888 号

0537-5168888

香港大厦

地址：任城区高新区火炬路 19 号

电话：0537-2969888

圣地酒店

地址：任城区吴泰闸东路 73 号

电话：0537-2935666

济宁科苑酒店

地址：高新区火炬路 58 号

电话：0537-5160888

济宁凯赛国际酒店

地址：高新区崇文大道凯赛大桥东 100 米路南

电话：0537-5156789

京杭假日饭店

地址：任城区共青团路运河城 c 座 7 楼

电话：0537-3018888

温泉一号商务酒店

地址：任城区金宇东路滨湖花园综合楼（洸府河桥西 100 米）

电话：0537-2907888

柏林小镇精品酒店

地址：任城区科苑北路与机电一路交叉处东北角

电话：0537-2388555

速 8 酒店（薛口建材市场店）

地址：任城区任城大道薛口建材市场对面

电话：0537-3238888

影院

万达国际影城

地址：任城区万达广场四楼

电话：0537-7779999

苏宁影城

地址：任城区太白路 10 号苏宁生活广场 6 楼

电话：0537-3157111

上河影城

地址：任城区太白路与共青团路交叉路口运河城 7 楼

电话：0537-3612222

耀莱成龙国际影城

地址：任城区吴泰闸路与建设北路交汇处领秀城市广场 3 层

电话：0537-5153888

大地影院

地址：任城区琵琶山北路 1 号永旺购物中心 2 楼北首

电话：0537-2985099

自由人影城

地址：任城区金宇路贵和购物广场六楼

电话：0537-2268099

济宁影城

地址：任城区古槐路南首（中央百货大厦对面）

电话：0537-2209888

KTV

73 空间量贩式 KTV

地址：任城区琵琶山路置城中央公园（新世纪广场对面路西）

电话：0537-2177373

尚酷 KTV

地址：任城区共青团路与洸河路交叉口西北角

电话：0537-2313333

乐聚纯 k

地址：任城区太白楼东路银座南门口东侧

电话：0537-2600000

咪乐星量贩式 KTV

地址：济宁万达广场 2 号门 3 楼

电话：0537-2271877

全城热恋量贩 KTV

地址：任城区火炬路与红星东路向南 100 米路西

电话：0537-2063333

后记

济宁，甏是味儿

因为一本书，爱上一座城。

2015 年，山东第一本城市特色文化丛书《济南，杠赛来》一经面世就受到广泛赞誉，开启了我们书写山东 17 城的旅程。随后几年，我们深入潍坊、烟台、聊城、滨州采访拍摄，《潍坊，奇好啊》《来烟台，做“神仙”》《聊城，有水则灵》《滨州，老么好》纷至沓来。随后，《济宁，甏是味儿》也来了。

2018 年 4 月，春姑娘踏着愉快的脚步，翩翩来到人间，我们整个主创团队来到济宁驻扎。春天是一个富有生命力的季节，也是一个美丽、神奇，充满希望的季节。一个多月的时间里，我们每天奔波在济宁的大街小巷里，走过热热闹闹、熙熙攘攘的运河两岸，探访过儒家圣人的府庙，也拍下了竹竿巷边那碗酸香的林家湾炖鱼……春天是播种的季节，我们在济宁的每一处洒下了希望的种子，等待它们长成我们书中优美的文字和精彩的图片。

不得不说，济宁到处都是文化味儿，传统文化资源的富集，让我们感受到了它的无穷魅力。济宁是儒家文化的摇篮、中华文明的发祥地，诞生了中华民族人文始祖轩辕黄帝和孔子、孟子、颜子、曾子、子思子五大圣人，是中国文化版图上一颗璀璨夺目的明珠。主导中华文化两千多年的孔子、孟子及其儒家学说，成就济宁“孔孟之乡”的美誉。除了儒家文化，济宁境内运河文化、水浒文化、佛教文化、始祖文化等密集沉淀、交映生辉，使得济宁成为中华传统文化的重要代表城市。同时，济宁还是一座集千年商业繁华与文明的“运河之都”，涌动着绵绵不息的青春激情，让我们看到了一幅魅力无穷的动人画卷。

成书不易，上下求索。在本书的创作过程中，我们获得了很多真诚的帮助。感谢山东省人民政府新闻办公室、中共济宁市委宣传部、中共任城区委宣传部、中共兖州区委宣传部、中共曲阜市委宣传部、中共泗水县委宣传部、中共邹城市委宣传部、中共微山县委宣传部、中共鱼台县委宣传部、中共金乡县委宣传部、中共嘉祥县委宣传部、中共汶上县委宣传部、中共梁山县委宣传部、济宁高新区党工委宣传部、太白湖新区党工委宣传部、曲阜市史志办等党政部门给予我们的充分肯定和大力支持，感谢杨朝明先生、贾庆超先生、王冠良先生、张建鲁先生等为我们提供的宝贵意见。他们的帮助，让这本书的内容更加专业、丰富、有趣，让我们得以更加深入地了解济宁、书写济宁，也让我们结识了一群智慧、善良、热情的济宁人。

邂逅一座城，只需片刻；爱上一座城，往往会是一生。我们带着最美好的初心，把济宁回馈给我们的感动呈现在这本书中。我们坚信，如果你邂逅了济宁，这座城刚柔并济、文武兼备的独特个性一定会打动你；如果你邂逅了《济宁，虀是味儿》，这本书里一定有我们对这座城共同的记忆和美好。